ANA SAMBOAL

El final de la clase media

Los jóvenes que vivirán
peor que sus padres

ALMUZARA

Editorial Almuzara • Sociedad actual
Editora: Ángeles López
Corrección: Javier Alvaredo
Maquetación: Joaquín Treviño

www.editorialalmuzara.com
pedidos@almuzaralibros.com - info@almuzaralibros.com

Editorial Almuzara
Parque Logístico de Córdoba. Ctra. Palma del Río, km 4
C/8, Nave L2, nº 3. 14005 - Córdoba

Imprime: Gráficas La Paz
ISBN: 978-84-10528-03-1
Depósito legal: CO-1436-2025
Hecho e impreso en España - *Made and printed in Spain*

A mis padres, Ana María y José Luis, que me enseñaron que la disciplina y el trabajo siempre tienen recompensa.

A Fernando, mi sentido común.

A Diego, Laura, Pablo, Ángeles y a todos los que confiaron en mí y me compartieron sus historias.

Índice

Pablo vive en casa del abuelo

Le gusta su trabajo. Aunque admite que en ocasiones dependa del día y la hora. De momento, la vocación que lo llevó a embarcarse en esta aventura vital permanece intacta. Es muy joven, su periplo en el mercado laboral es limitado: dos años como becario y un contrato laboral desde 2021. Pablo diseña estructuras, proyecta grandes obras civiles, como puentes o carreteras, que posteriormente otros se encargan de levantar. Es ingeniero.

Hizo sus primeras prácticas al mismo tiempo que cursaba el obligado máster de Ingeniería de Caminos. El posgrado, desde que entró en vigor la reforma impulsada de Bolonia que armoniza la educación universitaria en Europa, es imprescindible porque es el título que habilita a los graduados a ejercer la profesión. Previamente, antes de acceder al máster, Pablo cursó el grado de Ingeniería Civil y Territorial en la Politécnica de Madrid. No es el laureado MIT americano en el que se forman científicos de talla internacional y astronautas, pero en la universidad celebran que ocupan el puesto número 321 en el QS World University Rankings que encabeza el célebre instituto de Massachusetts. De entre las 5663 instituciones de educación superior que evalúan en todo el mundo, la española se ha colado en el primer cuarto de cabeza.

Una vez finalizó su formación universitaria, Pablo ya pudo firmar su primer contrato indefinido. Le compromete a trabajar 40 horas semanales, aunque en invierno la jornada se alarga hasta las 45, porque se compensa en los meses de verano con un horario reducido, de ocho a tres. En todo caso, él asegura que siempre regala tiempo a la empresa: «Si estás de entrega, pueden ser 50 e incluso 60 horas. Y eso ya no lo compensas, eso es por la cara. Y te quedas más, aunque no te lo pidan, porque tú quieres. Al final, todo el mundo se queda porque de otra forma no salen los proyectos».

Por esa dedicación, Pablo percibe un salario de 1 800 euros brutos al mes en catorce pagas, 25.100 euros al año, más el bonus anual que ronda los 2 000. Su sueldo lo fija el convenio validado en el Colegio Oficial de Ingenieros: «Empecé con 24.000 al año y va subiendo. Ganas más a medida que adquieres experiencia en el mercado. Más o menos, la gente que conozco de la carrera está igual que yo. Dentro de la ingeniería hay bastante uniformidad, ganas más si estás en obra que si estás en oficina. Y algo más si diriges proyectos o si te especializas en algo». En su empresa, una pequeña consultora, los ingenieros son los que perciben las remuneraciones más altas: «Una compañera delineante, que son los que se encargan de hacer los planos, lleva quince años en la empresa y cobra unos 1 300. Creo que vive con su hermana, no puede hacer otra cosa».

Con 30 años recién cumplidos, Pablo se considera un joven afortunado. Su familia le alquila la casa del abuelo por 600 euros al mes y esa cantidad le llega a cubrir también el gasto que hace en luz, agua o calefacción. Desde luego, está muy por debajo del precio que tendría que pagar en el mercado en una ciudad como Madrid. Tiene suerte, porque el resto de nietos no necesitan esa vivienda, siguen estudiando o están cómodos con sus padres. De otro modo, se vería obligado a compartir el piso. Pablo dice que sus amigos viven en condiciones similares: «Casi todos en pareja o, como yo, en la casa que dejaron sus abuelos, ya fallecidos. Solos, ninguno. No podrían. Es una situación muy parecida a la mía».

Con todo, pese a la subvención familiar, un tercio de su presupuesto cada mes se va en la vivienda. Teniendo en cuenta que gasta unos 300 euros en comer, si tuviera que hacer frente al coste real de un piso, a duras penas le llegaría para llenar el carro del súper. En definitiva, a final de sueldo, le sobraría mes. Y eso que «tienes que comer de táper en la oficina porque no puedo permitirme otra cosa. También porque si lo hago en un restaurante pierdo mucho tiempo. Así que hago la compra, cocino en casa y me llevo la tartera al trabajo». Descontada la factura de la alimentación, le quedan unos 400 euros de sueldo para hacer frente al resto de gastos, algunos ineludibles en una gran ciudad como el transporte: «Tengo una moto y en el futuro la idea es comprarme un coche. Pero, ahora que soy yo solo, no lo veo una necesidad. Y la opción de posponerlo es más barata».

Para Pablo es muy importante que su empresa le permita teletrabajar algunos días a la semana porque «no tienes que ir a la oficina y te ahorras un tiempo en el desplazamiento, que pueden ser un par de horas. ¡Y un dinero! Además, no comes de táper porque eso amarga». Entre unas cosas y otras, le quedan unos 200 euros al mes para ocio y algo para echar a la hucha y poder ir de vacaciones. No hay más, ni siquiera deudas pendientes. Vive al día, es sensato. No arriesga, se ajusta a su presupuesto: «Sabemos lo que tenemos y lo que podemos gastar».

Decir que Pablo se siente estafado es mucho decir, pero «yo me esperaba otra cosa. Cuando era pequeño, en el *boom* de la construcción, antes de 2008, veía que un ingeniero de Caminos podía hacer casi lo que quería. Ahora, me doy cuenta de que eso no era real. Antes, era una profesión mucho más valorada y ahora te das cuenta de que no es para tanto». Podría aspirar a más, por eso no descarta la posibilidad de dejar España, es consciente de que nuestra ingeniería goza de reconocimiento más allá de nuestras fronteras, «pero sería algo temporal, porque hablas con la gente que se ha ido y no es tan bonito como lo pintan. Casi todos los ingenieros se van a una obra en un país que está en desarrollo. Te vas a Hispanoamérica, a Oriente Medio, a África o a la India y estás en medio de la nada construyendo una carretera. Y tu vida se reduce a ir de la caseta de obra al hotel. Es muy duro. Y si tienes la familia y los amigos lejos… Además, tampoco vas a ganar tanto en otro país. O sea, que luego no vas a volver y a tener el dinero para pagar la entrada de una casa». La vivienda es el portal de entrada hacia una nueva vida, el reto de la gran mayoría de jóvenes como él, y se les antoja imposible. Se ha convertido en El Dorado de su generación.

Pablo mantiene los pies sobre el suelo, pero su sobriedad no le impide soñar: «¡Claro que aspiro a tener mi propia casa!». Aunque quiere seguir viviendo en Madrid, sabe que no podrá hacerlo en la almendra central de la ciudad, es imposible: «Tendré que irme a los barrios nuevos que se están construyendo en extrarradio, aunque sea a 40 o 50 kilómetros del centro». En diez años, con 40, se ve casado, con familia. Pero se le antoja harto complicado alcanzar el estatus económico de sus padres, un matrimonio que ejerce profesiones liberales y que él ubica, sin dudarlo, en la clase media trabajadora de toda la vida, al menos la vida que ha conocido: «Considero que pertenecer a la clase media no es vivir de lujo pero tampoco que te falte de nada. Incluso, te puedes dar algún capricho cada cierto tiempo. Esa clase media ya no existe. Lo que mi hermano y yo vivimos cuándo éramos pequeños, pasó. A lo mejor, gastamos más en ocio, quizá necesitamos más cosas que las que necesitaban nuestros padres a nuestra edad para mantener el mismo nivel de vida, pero yo ahora tengo mucho más difícil comprarme una casa de lo que lo tuvieron ellos. Los precios suben y suben. Y suben más que los salarios».

De las angulas al táper

El portaaviones *Príncipe de Asturias* fue durante décadas el buque insignia de la Armada española, un símbolo de poderío naval y orgullo nacional fabricado en nuestro país. La Empresa Nacional Bazán fue la responsable. Era una compañía dedicada a la construcción de buques militares, germen, con Astilleros, de lo que hoy en día es Navantia. Allí hizo Julio toda su carrera profesional. Él era aparejador.

Aunque hizo una diplomatura no completó sus estudios superiores. En esos años, pocos lo hacían. Y gracias a ese empleo, él y su familia alcanzaron un estatus superior al de la media de la sociedad española de los años 60 del siglo pasado. «Fuimos clase media, clase media acomodada. Comíamos angulas de vez en cuando», recuerda su hijo. Julio nació en 1925. Tuvo cinco hijos y, en la casa familiar, vivían todos incluida su suegra. A su mujer, ama de casa, dedicada a sus labores —como entonces se decía—, le gustaba comprar de cuando en cuando en Brizo, una tienda de ropa de lujo y, muy a menudo, recibía joyas de su marido como regalo en cumpleaños o aniversarios. Podían permitírselo: «Nunca nos faltó de nada. Estudiamos en colegios privados. Disfrutábamos de una segunda vivienda en la playa, teníamos coche cuando casi nadie lo tenía y el primer televisor que entró en el edificio fue el nuestro. No nos podíamos quejar».

Eran otros tiempos. La posterior democratización de la profesión, mano a mano con la Gran Crisis de 2008, ha rebajado drásticamente el valor del profesional de la ingeniería. El mercado es soberano, opera la ley de oferta y demanda y los que antes comían angulas, aunque fuera de cuando en cuando, como hacían Julio y sus hijos, hoy tienen que cocinar en casa para llevarse el táper a la oficina, como se ven obligados a hacer Pablo y sus compañeros cada día.

El espectacular desarrollo que ha experimentado España en las últimas décadas requería de la mano de obra cualificada de los ingenieros de Caminos, Canales y Puertos. Y las universidades, públicas y sobre todo las privadas, que se multiplicaron a finales de la década de 1990, se dispusieron a formarlos y lanzarlos por miles al mercado laboral. Hasta que les sorprendió en la primera década del siglo XXI, el violento estallido de la burbuja inmobiliaria y de crédito. Súbitamente, la construcción de obra privada y pública se paraliza. Después se hunde, desaparece. El mercado es un fantasma de lo que fue. Las facturas pendientes de cobro se convierten en impagos, cuando no en procelosos procesos en los juzgados de lo Mercantil que acaban en bancarrota. El mercado de la construcción se para. Las consultoras que les servían los proyectos se esfuman. Y la acomodada existencia del ingeniero de Caminos salta por los aires.

Si en el año 2000 la tasa de paro en la profesión apenas llegaba al 8%, según los registros del Colegio Oficial de Caminos, en 2011 alcanzó a rozar el 69%. «Sí, desde luego que hay una generación perdida», opina Laura, ingeniero de esa disciplina en ejercicio desde principios de siglo. «Conozco el caso de un compañero que cuando su empresa quebró lo echaron a la calle. Se puso a conducir un taxi y se ha quedado ahí, como asalariado del dueño de la licencia. Ya no ejerce. Y no será ni el primero ni el segundo». El de los ingenieros en particular o el de los arquitectos y el del resto de oficios vinculados a la construcción en general es posiblemente uno de los exponentes más claros del progresivo empobrecimiento de los profesionales candidatos a engrosar las capas medias de la sociedad que se inicia con la crisis. Pero otro tanto podría decirse de médicos y sanitarios, abogados, periodistas o economistas. Los empleados del sector público merecen capítulo aparte, ese es otro mundo regido por otras reglas.

Laura, ahora a las puertas de la cincuentena, firmó su primer contrato cuando terminó la carrera con una multinacional española de largo recorrido y reconocido saber hacer en todo el mundo. Podría haberlo hecho con cualquiera otra de las grandes constructoras del Ibex. La actividad en obra civil o residencial en los 2000 era burbujeante y las empresas se rifaban a los ingenieros, iban a las escuelas de Caminos a evaluar y entrevistar a los estudiantes, antes incluso de que les hubieran expedido el título. Los más brillantes eran los primeros que fichaban, pero los necesitaban a todos.

Recuerda que su primer sueldo fue de 24.000 euros al año. Casi lo mismo que, cerca de dos décadas después y con cinco años de experiencia, cobra Pablo. «Cuando empecé —recuerda—, mi jefe, que tenía más años que el sol, contaba que en los primeros años de la carrera, en los años 70, de la escuela en Santander en la que yo estudié salían diez o veinte titulados al año. Aquella gente no es que fuera de clase media, es que solo con el ejercicio de su profesión se hizo rica. Pero, desde entonces, el salario ha ido bajando, bajando, bajando. No solo somos los ingenieros. En general, en este país, los universitarios cada vez cobramos menos. También contaba mi jefe que a todos los que se iban a trabajar fuera les pagaban auténticas barbaridades de dinero. Todos volvían con dos casas. Eso luego cambió. Ya es historia».

Como muchos de aquellos profesionales que a finales del siglo XX llevaron el buen hacer de la ingeniería española por el mundo, Laura quiso probar fortuna en el extranjero, en Canadá. Cambió de residencia justo en el albor del parteaguas la crisis, cuando en España comenzaba a otearse en el horizonte la sombra de la recesión, de cuyos efectos aún no nos hemos repuesto, y escaseaban los nuevos encargos y oportunidades de progreso profesional. «En esas fechas, todavía se pagaba bastante bien al expatriado. Al principio, solo al principio. En los primeros meses, a mí me daban dos sueldos, el español y el canadiense. En Toronto, cuando me fui, cobraba el doble que en Bilbao. No tuve mucha opción de elegir porque en la empresa no entraban nuevos encargos, pero por la experiencia y el sueldo valía la pena probar suerte lejos de casa, aunque fuera por un tiempo.

Después, ese sueldo se recortó: te daban una dieta y punto. Y, más tarde, decidieron ahorrar un poco más y aunque la empresa para la que seguía trabajando era española, optaron por contratar a la gente que habían mandado allí como local. Te hacían los papeles de visado y te pagaban el salario del país en el que estuvieras trabajando, que no tenía por qué ser bueno. Si estabas en Canadá, como estaba yo, lo era. Pero si te ibas a Perú, para volver a España con unos ahorros un tiempo después, desde luego que no estabas».

Tras algo más de tres años de aventura profesional en las inmediaciones del Polo Norte al frente de un equipo que competía por un megaproyecto de una de las acereras punteras en el mundo, Laura pensó que había llegado el momento de hacer las maletas de nuevo. Regresó a casa. Hoy, en una nueva compañía de origen español y establecida en Madrid, pero de capital mayoritariamente extranjero, sigue evolucionando con éxito en su profesión. Desde aquí, donde ha fijado su nueva residencia, proyecta y ejecuta obras en varios países y viaja a menudo para supervisar el desarrollo de los trabajos que dirige. Está satisfecha con la decisión que tomó, aunque es consciente de que hoy un ingeniero que trabaja en España cobra la mitad de lo que cobraría en Canadá: «Allí, los ingenieros de Caminos son ricos. Aquí, somos gente normal: clase media».

Laura se lamenta de que aunque su saber hacer sea valorado internacionalmente, en términos de retribución la ingeniería se ha devaluado de forma abrupta. Hace responsable de ese deterioro tanto a la inflación de profesionales que salen de las aulas como a la relajación del nivel de exigencia. Cuando ella entró en la universidad, había un puñado de escuelas. Acceder a los estudios de Caminos requería una alta calificación en bachillerato. Pero, posteriormente, «abrieron muchas escuelas de Ingeniería y, cuando saltó la crisis, los titulados se quedaron fuera del mercado laboral. Después, durante años, no había gente que quisiera estudiar esa disciplina. Ahora, salvo los que lo hacen porque es vocacional, que los hay, muchos se apuntan simplemente porque las notas de corte son muy bajas. Y hay otra cuestión: antes había ingeniería de Caminos, Telecomunicaciones, Aeronáuticos, Industriales, Montes y Agrónomos. Y ya está. Y los primeros, cobrábamos más que cualquier otro. Ahora, casi a cualquier titulación universitaria le ponen el ingeniero por delante. Parece baladí, pero no lo es. Conclusión: nuestra profesión se deprecia».

El ascensor está averiado

Con 55 años, un trabajador alcanza el nivel más elevado de ingresos de toda su carrera profesional. A esa edad, un licenciado universitario percibe un sueldo que supera en 25.000 euros al de una persona que solo ha cursado los estudios obligatorios, 15.000 euros más alto que el de un graduado en Formación Profesional y 10.000 más que el de un diplomado. El Informe de Esenciales que elabora la Fundación BBVA en colaboración con el IVIE, publicado en 2023, demuestra que si bien las diferencias de remuneración entre ocupados con distintos niveles de cualificación pueden llegar a ser insignificantes en los primeros años de carrera profesional, se acentúan a medida que transcurre el tiempo y ganan en experiencia.

El Instituto Nacional de Estadística lo corrobora: un grado universitario es, sin lugar a duda, la garantía para percibir un salario más alto. En la Encuesta de Estructura Salarial de 2024, con información de 2022, llega a la misma conclusión: el salario de un licenciado superaba en un 65,8% el salario medio del ejercicio, que ronda los 26.000 euros. Mientras la ganancia anual de una persona que ni siquiera ha finalizado primaria apenas superaba los 17.300 euros, el de un trabajador con los estudios obligatorios completos, secundaria, rozaba los 24.000, a 2 000 euros del salario medio. En esa misma fecha, la retribución de un ocupado con la Formación Profesional finalizada rebasaba los 27.500, un diplomado cobraba 33.700 y la nómina de un licenciado superaba con holgura los 44.600 euros.

Los hombres, según la encuesta del instituto público, perciben un sueldo un 17% superior al que ingresan las mujeres, pero esa brecha entre géneros se va estrechando a medida que se escala en nivel educativo y de renta. El INE coincide con el Informe de Esenciales de BBVA: la cima en una carrera profesional se alcanza en la horquilla de entre 55 y 59 años. En gran medida, debido a que los empleados que han llegado a esa etapa integran en su nómina los complementos asociados a la antigüedad, pero también porque la experiencia adquirida les ha permitido escalar en la jerarquía de las organizaciones, atribuirse nuevas responsabilidades y, por tanto, recibir una retribución más elevada. En definitiva, cuantos más conocimientos, más empleabilidad y la promesa de puestos de trabajo mejor pagados. La correspondencia positiva entre formación y salarios se extrapola al ámbito comunitario. Un estudio encargado por la Dirección General de Educación de la Comisión Europea, publicado en diciembre de 2023, calcula que por cada año de educación el alumno obtiene un retorno económico adicional del 9% en su vida laboral.

Pasado el primer cuarto del siglo XXI, la educación sigue erigiéndose como la herramienta genuina para ascender en la escala económica y, por tanto, social. No es un invento de las sociedades del bienestar contemporáneas ni de la autocomplaciente socialdemocracia europea. Ya la reivindicaba Platón en la Atenas clásica. El filósofo, que escribió su *República* para denunciar y combatir los males de la democracia, no calló ante la maldición que, a su entender, suponían para el Gobierno de la ciudad-Estado la ignorancia e incompetencia de muchos políticos y dirigentes. Fundó su Academia con el fin de que a través de la investigación y la ciencia sus alumnos pudieran asir la verdadera virtud, que él equiparaba al conocimiento que toda persona requería para progresar. Aspiraba a que la aristocracia gobernante, la cima de la civilización, no fuera ni de cuna ni de sangre, sino de saber. Y ese ideal republicano pervive en nuestros días. Sobre el papel y en la retórica, al menos. En la teoría, un individuo que accede al aula con el bolsillo vacío puede llegar a convertirse, gracias a las oportunidades de formación que el Estado le proporciona y a sus propios méritos, en alguien valioso y reconocido para la sociedad a la que pertenece y a la que sirve con su trabajo. Por esa razón, los gobiernos invierten miles de millones de euros en formar a sus ciudadanos. Por esa razón, los estudiantes que aspiran a progresar, a escalar a una mejor posición que la de la que parten por su origen familiar o circunstancias personales, se esfuerzan en adquirir nuevos conocimientos y habilidades. Al final de ese camino, debería encontrarse la recompensa.

Ahora bien, dado que ese no siempre es el resultado, puesto que las clases medias de las acomodadas democracias occidentales parecen estar perdiendo su ventaja competitiva frente a las de las pujantes economías emergentes asiáticas, pese a que se invierten miles de millones de euros en formarlos, cabe preguntarse si la oferta en educación que estamos dando a las nuevas generaciones es la que requieren para enfrentarse al que será su futuro. En los mercados anglosajones, hace años que la diferencia salarial y de empleabilidad entre los titulados y los que no lo son se estrecha. A falta de saber si será un accidente puntual o una tendencia, que es lo que parece, sí cabe destacar que lo hace a gran velocidad. Un reciente estudio de Oxford Economics, publicado por *The Economist*, que ha investigado la evolución laboral de jóvenes entre 22 y 27 años, advierte que, si en 2021, el 90% de los graduados en la prestigiosa Escuela de Negocios de Standford obtenía un empleo a los tres meses de finalizar sus estudios; en 2024 ha sido solo el 80%. Sigue siendo una ratio muy elevada, pero se ha recortado muy rápido. Además, la tasa de paro de los universitarios supera la media nacional, aunque, a diferencia de lo que ocurre en España, sea meramente friccional.

Los cálculos de Oxford Economics indican que en Estados Unidos la brecha entre los sueldos de los universitarios y los que solo tienen los estudios obligatorios ha caído en picado en lo que llevamos de década, del 69 al 50%. Y en el Reino Unido, con un modelo de educación superior similar, se detecta la misma bajada, incluso se acentúa en los posgrados. Para los británicos, un máster no se traduce necesariamente en una mayor remuneración. De hecho, puede llegar a ser nula cuando el trabajador alcanza los 35 años. A pesar de ello, uno de cada cinco graduados decide proseguir el recorrido educativo una vez se licencia. La materia sobre la que versa el curso, al parecer, es determinante para sus futuros ingresos. El sueldo será más alto si se centra en ingeniería o informática, pero llega incluso a bajar si se cursa un máster en historia, lengua o política. Las humanidades restan.

Los indicadores que ha publicado *The Economist* muestran con bastante nitidez que la ventaja comparativa de la educación superior está menguando muy rápido. Y es una alteración que observan también en otros países desarrollados, en la Unión Europea, Japón o Canadá. Ante esa evidencia, estamos en la obligación de plantearnos si estamos repartiendo entre los jóvenes demasiados títulos vacíos de utilidad, si los conocimientos que transmite la universidad ya no resultan útiles para la sociedad, si el valor añadido que tendría que aportar se ha ido reduciendo en términos comparativos con otras formas de educación o si ante la revolución tecnológica que está transformando el mundo por días ya no basta pasar una vez en la vida por las aulas y se requiere de una formación y adaptación permanente. O todo al mismo tiempo. Porque, aunque es pronto para saber en qué términos lo harán, los paradigmas están cambiando. La lógica nos lleva a la conclusión de que un conocimiento adecuado y suficiente abrirá las puertas de un mejor futuro. Ahora bien, ¿es ese el conocimiento que se imparte en los centros superiores de enseñanza? O los ascensores sociales que permitían a un individuo saltar de la clase baja a la media o incluso a las élites ya no son los mismos o, si lo son, están averiados.

Si en la España de 2025, un título universitario tendría que garantizar al que lo ostenta una renta más alta que la que pueda llegar a percibir un trabajador con un nivel académico más bajo, obviando excepciones puntuales, todavía lo hace. Esto, en principio, demostraría que el elevador de la educación no ha quebrado. Pero hay algo que no funciona adecuadamente, puesto que ese título es incapaz de asegurar no ya un estatus económico acorde al supuesto esfuerzo realizado, sino, en ocasiones, la capacidad siquiera de una mera subsistencia autónoma. Cada vez son más los jóvenes que, por muchas plantas que suban en la escalera académica, son incapaces de hacer frente al coste del techo bajo el que se cobijan.

El poder de compra de la gran mayoría de profesionales que ha cursado estudios superiores, candidatos en potencia a engrosar las distintas capas que configuran la clase media de una sociedad desarrollada, se ha deteriorado abruptamente desde la crisis de 2008. No solo el de los que ahora se incorporan al mercado laboral. También son comparativamente más pobres los que ya estaban ocupados. Hace 30 o 40 años, un ingeniero, un abogado, un economista o un periodista podían comprar una segunda residencia. Hace 20 años, podían permitirse hacer frente con cierta holgura a la adquisición de la vivienda habitual. Hoy, su sueldo ni siquiera les alcanza para pagar mes a mes un piso de alquiler medianamente digno, al menos no en las grandes ciudades. A finales del siglo XX, comían angulas y, en el primer cuarto del XXI, ni las han probado, tienen que conformarse con preparar el táper en casa para calentarlo en la oficina. Si al final de la dictadura o en los inicios de la democracia, un título universitario era el pasaporte directo para formar parte de las clases medias, en 2025 solo los más sobresalientes o las élites formadas en las prestigiosas escuelas de negocios o en universidades punteras de renombre global, que no están al alcance de todos los bolsillos, gozan de ese acceso. Pertenecer a la clase media, tal y como hasta ahora lo habíamos entendido, ha comenzado a convertirse en un privilegio.

Vivimos una gran paradoja: nunca como ahora en toda nuestra historia, entre oferta educativa, becas o estancias temporales fuera de nuestras fronteras, un estudiante ha tenido a su disposición tantas alternativas entre las que optar para poder progresar. Y, probablemente, nunca como ahora su futuro ha sido tan precario. Hasta el punto de que la gran mayoría da por sentado que, ocurra lo que ocurra, vivirá peor de lo que lo hicieron sus padres.

La devaluación salarial iniciada en 2007, de la que apenas nos hemos repuesto, la particular estructura de nuestro tejido productivo y nuestro mercado laboral, la inflación que comienza a desbocarse tras la salida de los confinamientos decretados por el covid y que se agrava con la invasión rusa de Ucrania o la estrechez del mercado inmobiliario, consecuencia de múltiples factores económicos y decisiones políticas adanistas y ajenas a cualquier suerte de lógica de mercado, son, sin duda, causas directas de esa pauperización de las clases medias en general y de los jóvenes universitarios en particular. Pero a todas luces resultan insuficientes para dimensionar en su justa medida el problema social al que nos enfrentamos, por no decir el drama.

También las generaciones que les han precedido se vieron forzadas a soportar escenarios macroeconómicos extraordinariamente adversos, como la crisis petrolera de la década de 1970, las reconversiones industriales y las devaluaciones de la peseta en las décadas de 1980 y 1990 o la burbuja de precios en el mercado inmobiliario en los 2000. Pero una vez sorteados esos baches, paréntesis puntuales, su nivel de vida y bienestar continuó incrementándose. Lo que, al menos en parte, marca la diferencia entre los licenciados de ayer y la mayoría de los graduados o posgraduados de hoy es que muchos de los títulos que se expiden en este momento, salvo señaladas excepciones, tienen menos valor para el mercado que los que se sellaban hace tres, cuatro o cinco décadas. Y eso no significa que sean necesariamente peores, aunque muchos realmente lo son, pero sí menos valorados. Su ilusión muta en frustración. La sociedad ha tirado el dinero, pero mira hacia otro lado.

La universidad de Bartleby

La familia de Bartleby está desconsolada. Todas las universidades a las que han escrito al finalizar sus estudios de secundaria han rechazado su solicitud. Y el joven, al que imaginación no le falta, decide falsificar una carta de admisión para contentar a sus padres. El problema surge cuando esos orgullosos progenitores deciden acompañarlo en su primer día en el campus. A Bartleby, experto en hacer carnés para que los colegas puedan entrar en las fiestas aunque no tengan la edad reglamentaria, no se le ocurre otra cosa mejor que diseñar un buen trampantojo: encontrar algo que se parezca a un campus —qué mejor que un instituto psiquiátrico abandonado— y crear su propia universidad. Con la ayuda de sus amigos funda la South Harmon Institute of Technology.

La película de Bartleby (*Admitido*, del director Steve Pink), que pasó por los cines españoles en 2006, es una cinta con mensaje oculto: fabrica tus propios sueños. Y es también, además de una ácida crítica al sistema, un buen exponente de las aspiraciones de la gran clase media en los países desarrollados. Todos los padres quieren que sus hijos vayan a la universidad a cualquier precio. Y ellos, que, por otra parte, no ven mejor salida cuando salen del instituto, han cumplido con su parte del contrato. Las instituciones y poderes públicos han puesto el resto. En Estados Unidos, un país construido desde abajo, el modelo es eminentemente privado y se rige por sus propias normas. En España, son los poderes públicos los que las fijan. Y lo han tenido claro: si universidad es lo que los votantes quieren para sus descendientes, universidades tendrán.

En esa retroalimentación entre oferta y demanda afloran algunas de las causas de la devaluación de la educación superior. Ambas han crecido en progresión geométrica desde que inauguramos la democracia. El resultado es que, si el padrón de 2023, cerca del 42% de los españoles declaraba haber cursado estudios universitarios, dos décadas después, según el cálculo de la Fundación Conocimiento y Desarrollo, ese porcentaje prácticamente se ha doblado.

Los gobiernos de todo signo político han favorecido el extraordinario crecimiento de la población con formación superior, creando centros públicos y autorizando la aparición de privados, sufragando la parte del león del coste de los estudios y asegurándose de que la gran mayoría de los chavales supere con éxito las pruebas de acceso: los porcentajes de aprobados, antes en la selectividad, después en la EvAU y ahora en la PAU, rondan tasas del 80%. Para un Estado, facilitar la formación es una inversión de futuro. Y para los políticos que están al frente de las instituciones es también un vehículo para crear grandes bolsas de votos agradecidos, ignorantes de que las subvenciones de matrículas y becas salen del bolsillo de los padres para meterse en el de los hijos con la excusa o el argumento de la necesaria distribución de la riqueza.

En paralelo al incremento exponencial de la oferta, y estimulada por ella, ha progresado la demanda. Al igual que lo deseaban los padres de Bartleby, los hijos de la posguerra y la dictadura querían un licenciado en casa. En sus tiempos, era una garantía de progreso. Y aunque eso ha cambiado, con toda lógica, los padres aspiran a que sus hijos vivan mejor que ellos, a que obtengan títulos con los que supuestamente mantendrán o elevarán su renta y estatus el día de mañana. Por esa razón, la Formación Profesional, habilitadora de oficios requeridos en la industria en particular y en el mercado laboral en general, valorada en su justa medida en economías más pujantes que la nuestra y mucho más industrializadas, como Alemania, ha sido durante muchos años menospreciada en España.

Hasta hace no mucho a la FP iban los que obtenían calificaciones más bajas en la EGB o en Secundaria, los que según el libro amarillo que nos firmaban al acabar en el colegio no valían para llegar a la cima del saber y el estatus que representaba en el imaginario colectivo la universidad. Afortunadamente, la ampliación del catálogo de cursos de capacitación profesional, con una oferta que se ha hecho mucho más atractiva y la apertura de pasarelas flexibles y complementarias entre el instituto y los campus universitarios, ha contribuido a realzar el valor de una oferta formativa orientada a la capacitación técnica y a las necesidades del mercado de trabajo y que, precisamente por eso, reporta altas tasas de empleabilidad y salarios crecientes. Tres de cada cuatro titulados en FP dual tienen un empleo. En emergencias sanitarias, la ocupación rebasa el 90%. Si en 2005, según un estudio de la Fundación CEU, 150.000 alumnos cursaban estudios de Formación Profesional, 20 años después son 250.000.

La FP ha ensanchado sus horizontes en la misma medida en que lo ha hecho la universidad. La explosión de la oferta de grados y, sobre todo, de posgrados ha sido de tal calibre que para el estudiante se hace obligado hilar muy fino para discernir el grano de la paja. A lo peor, tampoco lo consideran necesario. «El resultado de esa reducción de las barreras de acceso a la universidad y la ampliación de una solicitud genérica de títulos universitarios ha sido un gran volumen de estudiantes con motivaciones y aspiraciones modestas por el nivel de estudios que quieren alcanzar y relativamente indecisas en cuanto al contenido de aquellos». Este es el diagnóstico que hace el sociólogo Víctor Pérez Díaz en su obra, Premio Nacional de Ensayo, *Universidad, ciudadanos y nómadas*. «Que la enseñanza sea de una calidad desigual es lógico, dada su masificación», añade. El pero viene después: «Ha traído cierto desorden e inercia en el modo de funcionar que se expresa en el retraso de los estudios, en la depreciación de títulos y en la disminución de la intensidad de la vinculación de muchos estudiantes a sus universidades». Pérez Díaz se lamenta de que al término de esta apuesta por facilitar un acceso masivo a la educación superior hayamos optado por quedarnos en la zona de penumbra con el fin de hacerla accesible a todo aquel que lo desea, «hemos descendido en la escala de los países que rivalizan en el terreno de la excelencia a quienes lo hacen en el de la normalidad, o más bien de la norma». Habrá muchos más licenciados, como deseaban sus papás, pero su saber también será mucho más mediocre. O menos útil.

Siempre ha habido, hay y habrá individuos que aspiren a formar parte de las élites. Disponen de la oferta formativa para alcanzar las metas que se han fijado si están dispuestos a hacer el esfuerzo que eso requiere, que en muchos casos es también costoso económicamente. Pero hay otros tantos que se limitan a cerrar su periplo académico con una vistosa ceremonia de graduación al pintoresco estilo que han promocionado las series *made in Hollywood* y un diploma colgado en la pared. «Llegan a las universidades —denuncia Pérez Díaz— pensando que ejercen una especie de derecho natural a ser universitarios y están predispuestos a atravesarlas con el menor coste posible, en pocos años y obtener su título. Ello resulta relativamente fácil porque no hay filtros al principio, ni durante la carrera en muchos casos, ya que nadie quiere tener problemas con nadie».

Hasta que llega la hora de poner a prueba la capacitación que ese diploma pretende acreditar. Cuando llaman a las puertas de las empresas, los responsables de recursos humanos comprueban que «hay graduados que ni siquiera han adquirido los conocimientos que presuntamente acreditan su título, hay mucha gente indocumentada con documentos», me explica resignado Julio Iglesias de Ussel, que además de catedrático de Sociología ha sido el secretario de Estado de Universidades que negoció la reforma de Bolonia en nombre de España. Llega la hora de la verdad cuando el mercado asigna al título académico el genuino valor que le corresponde. «Y no habrá empresa con vocación de permanencia —asegura— que invierta en un trabajador si el coste que le genera es superior al beneficio que su práctica como profesional pueda reportarle. O recibe un salario más bajo del que le correspondería por su nivel de estudios o, lo que es aún peor, es carne de paro».

No les informaron cuando fueron a pagar diligentemente las tasas de matrícula en la facultad. En ese momento, creían haberse montado en el ascensor para llegar al ático. Es lo que les prometieron, es lo que vivieron sus padres. Pero ellos solo han subido un escalón.

Suspenso en Pisa

El deber de un gobernante honesto va más allá de gestionar con eficiencia los asuntos de cada día, supone algo más que evitar caer en las tentaciones de enriquecimiento fácil. En su mandato viene implícito preparar a su país para enfrentar con garantías de éxito el mañana. Y el bienestar del futuro pasa por construir infraestructuras o impulsar el desarrollo científico y tecnológico, pero, por encima de todo, se incuba hoy en las aulas. Las políticas de educación se ocupan de formar a los recursos humanos y, por tanto, de dotar al país de capacidades para enfrentar el futuro con éxito. Son de indudable relevancia estratégica. Pero en lo que llevamos de democracia se han convertido en *casus belli* recurrente en la batalla política. Aunque haberlos los hay y muchos saltan a la vista, porque pocos resisten a la tentación de imponer a sus conciudadanos sus «verdades», de moldear a la sociedad en función de sus urgencias menos nobles, no todas las leyes han obedecido oscuros intereses partidistas o electorales, como arguyen los que tienden a simplificar el debate. Existen también profundas diferencias acerca del concepto mismo de educación y sus fines. Sin pretender hacer un análisis exhaustivo de las debilidades y fortalezas del sistema y su evolución normativa, sí vale la pena que nos detengamos brevemente a confrontar los dos modelos en liza, el liberal-conservador y el progresista, aplicado por los gobiernos socialistas, puesto que uno y otro nos conducen hacia tejidos productivos y estructuras sociales bien distintas.

De la EGB a la Ley Celaá, en 47 años de democracia se han aprobado ocho leyes educativas. Solo dos las hizo el Partido Popular. Una de ellas, la Ley de Calidad de la Enseñanza de Pilar del Castillo, ministra en el gabinete de José María Aznar, ni siquiera entró en vigor. El Gobierno de José Luis Rodríguez Zapatero se apresuró a dejar en suspenso su aplicación en cuanto puso un pie en la Moncloa y a derogarla en cuanto hubo confeccionado el recambio. El cortoplacismo electoral o las urgencias partidistas e ideológicas, del que esta táctica es quizá el mejor exponente, nos han privado de un marco normativo estable y de unos consensos que son esenciales en políticas vitales como lo son las educativas. Finlandia, el modelo de éxito que acreditan sus resultados las pruebas internacionales de nivel, como PISA, comenzó a recoger los frutos de la reforma que emprendió a finales de 1970 dos décadas después. En España, la LOGSE, la ley educativa más longeva de la democracia, ha permanecido vigente 16 años. Con resultados controvertidos en el mejor de los casos, cuando no claramente mediocres.

Es el Gobierno central el que hace las leyes marco, pero la creciente autonomía de las comunidades autónomas, que son las que ostentan la gestión de las competencias educativas, han modulado los currículos o los grados de exigencia en cada territorio en función de las ideologías, aspiraciones o intereses —que de todo ha habido— de cada gobernante regional. Si Castilla y León se ha mantenido apegada a un modo de enseñanza más afín al tradicional, de asimilación de conocimientos, con indudable éxito de sus alumnos en las pruebas de PISA, Madrid se ha volcado en incentivar la competencia, dotando de libre elección a las familias desde la etapa preescolar en aras de estimular la calidad en las escuelas. Aún es pronto para evaluar los frutos de su apuesta por la creación de centros de excelencia, pero es obvio que su objetivo es atraer a su territorio y a sus empresas, preocupadas por captar y retener talento, a las mentes más brillantes. Con una oferta de 23 universidades, entre públicas y privadas, la enseñanza se ha convertido en un atractivo exportable de Madrid, en sólido pilar de su economía, un señuelo para seducir a los jóvenes más sobresalientes de cualquier lugar del mundo, principalmente el hispanohablante, y revitalizar a una población envejecida y a una sociedad que desea mantenerse entre las más pujantes de Europa. Prueba de su valor estratégico es el viaje de una semana que Isabel Díaz Ayuso hizo a finales de junio de 2025 a Miami y Nueva York dedicado en exclusiva a cantar las bondades de la oferta educativa madrileña. La imagen cosmopolita y dinámica que la marca de la región proyecta en todo el mundo juegan a su favor.

En este variopinto panorama de corte federal, mención al margen merecen las gobernadas por partidos nacionalistas o separatistas, las que se autodenominan históricas, como si el resto hubiera nacido ayer y los que aspiran a serlo, que de todo hay. Siendo muy conscientes de ese poder transformador que la educación y la lengua ejercen sobre la moldeable mente de un joven estudiante, parecen más interesados en usar la escuela y la lengua como elemento para conformar una nueva e imaginaria realidad nacional conforme a sus aspiraciones políticas que en fomentar la movilidad o la adquisición de conocimientos. En la ley está la trampa que lo permite. O lo tolera. Están sembrando para el mañana.

Frente ese abrumador poder del Estado, gobiernos y comunidades autónomas, los espacios de libertad de los que dispone el individuo para decidir se achican. Sin embargo, en España ha calado hondo el mantra de que la educación, tal y como está, es intocable, aunque los resultados sean cada vez más pobres. ¡Ay de aquel que ose cuestionar el sistema que hemos interiorizado y en el que hemos crecido! ¡Ay de aquel que se atreva a denunciar que, por más y más recursos económicos que engulla, comienza a adolecer de deficiencias estructurales que hacen que se resientan los fines para los que fue creado! Si eso fuera así, y ya sería difícil que buena parte de la sociedad lo admitiera, la solución para resolverlo que ganaría por goleada sería echar más dinero, paladas de dinero sobre el sistema. Y, sin embargo, si el técnico no hace los ajustes adecuados, por muchas piezas y muy caras que le acoplemos, el ascensor seguirá averiado.

En sus memorias, *Lo que yo viví*, José Manuel Otero Novas rememora el espíritu con el que recogió la cartera de ministro de Educación en el Gobierno de Adolfo Suárez: perseguir el «ideal de la igualdad de oportunidades a través de la educación». Partiendo de la que él denomina como «constitución del consenso» que consagra el derecho a elegir enseñanza, creyó no solo posible, sino también adecuado y deseable, abrir las puertas a un sistema en el que convivieran todo tipo de modelos, tratando de evitar que el Estado impusiera el suyo a toda la sociedad. Con la oposición del PSOE, pero esgrimiendo los principios de la Carta Magna, la LOECE que se redactó bajo su mandato consagraba el derecho a existir de cualquier centro privado con ideario propio. Su objetivo en ese momento, cuando la democracia daba sus primeros pasos, era la pervivencia de los colegios católicos privados. Lo logró. Y, superada esa primera batalla, se volcó en diseñar un modelo de financiación transgresor que de haberse implementado en toda su extensión habría revolucionado no solo el sistema educativo heredado de la dictadura, sino el país por completo. Como la reforma de Pilar del Castillo, esta tampoco trascendió al papel.

Otero Novas pergeñó una suerte de cheque escolar mediante el cual el Estado no costeaba las escuelas, lo que venía haciendo durante la dictadura y hace actualmente, sino que aseguraba el derecho a la educación pagando directamente la formación de cada alumno, independientemente del colegio que eligiera. El individuo, el escolar y sus necesidades se colocaban en el centro del sistema. Gracias a ese cheque, un niño nacido en el seno de una familia sin recursos o en una zona poco poblada y con mínimas opciones de escolarización podría llegar a educarse en el mejor de los centros, siempre y cuando cumplimentara adecuadamente las exigencias de acceso. En manos de la familia, ese cheque se convertía en un salvoconducto que moderaba no solo el poder del Estado sobre el individuo, sino también y sobre todo atenuaba la discriminación de cuna. Cuando abandonó el ministerio, en 1980, Otero Novas dejó impresos los talones que debían firmar los padres contra las cuentas del Tesoro Público para hacer el primer ensayo en la provincia de Logroño. En el cajón se quedaron, no llegaron a ver la luz.

Los nacionalistas, que adivinaron la movilidad social y geográfica que introducía este novedoso modelo para España, se llevaron las manos a la cabeza y corrieron a la Moncloa a cortocircuitarlo. Décadas después, las razones de aquellas urgencias son evidentes. El colegio ha sido un instrumento de primer orden para construir una sociedad amoldada a sus aspiraciones políticas. El ministro siempre ha sospechado que su airada protesta fue la que le costó la cartera. Tampoco la LOECE era del agrado del PSOE, que impugnó toda la ley ante el Tribunal Constitucional y acabó ganando la partida. Cuando dos años después accedió al poder, diseñó un sistema, el que pervive en nuestros días, en el que la inmensa mayoría de los centros están financiados con fondos públicos, bien sean propiedad del Estado o bien, siendo de titularidad privada, hayan firmado un concierto con él. Con este esquema legal, en opinión de Otero Novas, «la libertad de elección constitucional queda muy reducida, solo las gentes de rentas altas tienen la libertad de escoger el tipo de formación que quieren para sus hijos. Quienes tengan pocos medios y necesiten enseñanza en todo o en parte financiada por el Estado, pero la quieran con carácter propio, lo tendrán muy difícil. La libertad de enseñanza existe, pero solo para las familias acomodadas».

Si su objetivo era promover esa autonomía de la persona, salvaguardándola de los intereses y veleidades del poder político de turno, el proyecto que le sucedió, la célebre LOGSE, elaborada por el Gobierno de Felipe González, fijó como prioridad la escolarización de toda la población. En el gabinete que toma las riendas del Gobierno del país a finales de 1982, «el debate fundamental se centra en encontrar el mejor equilibrio entre excelencia y equidad, pues ambos conceptos expresan de manera sintética el significado de la calidad de la enseñanza». Así glosan los objetivos del modelo Álvaro Marchesi, que como secretario de Estado de Educación, entre 1986 y 1996, jugó un papel relevante en el diseño y aplicación de la LOGSE, y Elena Martín, que como consejera y directora general formó parte del grupo responsable de ponerla en marcha, en su libro *Calidad de la enseñanza en tiempos de crisis*, publicado en los tiempos de la Gran Recesión. «Excelencia —explican—, como reflejo de los aprendizajes adquiridos. Equidad, como igualdad de opciones, compensación de las desigualdades económicas y sociales y como reducción de las diferencias». Aparentemente, el fin es el mismo. Unos y otros apelan al ideal republicano de la educación como ascensor social. En su aplicación práctica, los modelos, diametralmente opuestos, nos conducen hacia resultados y sociedades bien distintos.

Para los gobiernos socialistas, la prioridad número uno fue la escolarización de toda la población. Una vez alcanzado ese hito, se volcaron en acabar o al menos reducir drásticamente las elevadas tasas de abandono escolar temprano. Siguen en ello, ese déficit, que se antoja insalvable, ya nos ha costado más de un tirón de orejas de Bruselas. Marchesi y Martín han buceado en los orígenes: en el siglo XVIII, Finlandia había alfabetizado a toda su población, mientras que en España, en 1920, dos de cada diez ciudadanos aún no sabía leer y escribir. Hasta 1982, no se alcanza la plena escolaridad a los catorce años. Y hay que llegar al 2000 para que todos los alumnos estudien hasta los 16. En los años posteriores, ya entrado el siglo XXI, las tasas de abandono escolar se reducen paulatinamente. Ellos lo achacan a la flexibilidad que introducen los nuevos itinerarios educativos, pero también a la ausencia de oportunidades en el mercado laboral como consecuencia de la crisis de 2008. Y, sin embargo, el fracaso persistía.

En esas fechas, el porcentaje de alumnos que tiraba la toalla antes de terminar la secundaria todavía doblaba la media de la Unión Europea. Y persiste. El abandono escolar temprano, de alumnos entre 18 y 24 años, llega al 13% en 2025. A pesar de que ha caído desde el 33% en una década, sólo Rumanía nos supera.

Marchesi y Martín achacan el peor rendimiento de los estudiantes españoles a un secular retraso. Calculan que vamos tres décadas por detrás de otros países, que son los que obtienen los mejores resultados en PISA: «Quizá; como dato más significativo, hay que destacar que el porcentaje de alumnos brillantes, los que obtienen el nivel más alto de puntuación en las pruebas, es muy reducido en comparación con los demás países. Ni siquiera los alumnos de las escuelas situadas en los contextos socioculturales más altos son capaces de igualarse en un porcentaje similar a los mejores de otros países. Algo sucede en la educación y en la sociedad española para que estos resultados se repitan vez tras vez», concluyen. La gran pregunta es qué es ese «algo» que los que han hecho las leyes educativas parecen incapaces de dar con él. Mucho menos de resolverlo.

En las tristemente célebres pruebas de PISA, una llamada de atención periódica que alarma a la sociedad durante las 24 horas que permanece en el periódico o en el titular de televisión, no mucho más, España solo sobresale en una categoría: es uno de los países que goza de mayor equidad. Objetivo logrado para los redactores de la LOGSE que pueden darse por satisfechos. Pero en un mundo globalizado, en un espacio único de libre movilidad para el factor trabajo como lo es la Unión Europea, se echan en falta las políticas, los resortes que permitan al alumno que lo desee sobresalir, desarrollar todo su potencial y prosperar. Difícilmente lo harán aburriéndose en clase con las materias más básicas, limitándose a conocer los ríos y montes de su comunidad autónoma y desconociendo por dónde circulan el Danubio o el Rin o cursando asignaturas como las «Matemáticas con perspectiva de género», último invento de la factoría de ingeniería social que nos gobierna. Les hemos contado el cuento de que son la generación mejor formada de la historia y, una vez se han tragado el sapo, hemos procedido a adoctrinarles con el fin de que sustenten el poder de otros. Hoy, lamentablemente, la universidad no aparece en los medios de comunicación con la frecuencia que sería deseable por un brillante trabajo académico, una clase magistral soberbia o una investigación pionera y transformadora. A menudo, demasiado a menudo, es noticia solo cuando se producen deleznables escraches con los que un grupo de fanáticos intenta silenciar al que no comulga con los idearios o las plantillas mentales que les han inyectado en vena. Como si la universidad fuera un espacio de dogmas y no de debate, diálogo y aprendizaje.

No son pocos los maestros de primaria, secundaria o bachillerato que denuncian que en el esfuerzo por alcanzar el objetivo, loable por otra parte, de no dejar a nadie atrás se ha acabado cayendo en la nefasta práctica de igualar a todos los alumnos por abajo en detrimento del resto del aula y quebrando, en ocasiones, las prometedoras carreras de los más sobresalientes. Ese mismo espíritu ha alumbrado el nacimiento de un sinfín de centros de educación superior guiados por un aluvión de nuevos docentes y catedráticos recién doctorados. Lo políticamente correcto es que nadie pueda sentirse contrariado o minusvalorado por no poder acceder a la enseñanza superior, aunque por sus capacidades o logros no merezca pertenecer a esta comunidad de saberes. La cantidad, de nuevo, prima sobre la calidad.

Esa pretendida democratización de la formación universitaria convertida en un producto más de consumo ha acabado por inutilizarla como criterio de diferenciación en el mercado laboral. La rebaja de la exigencia, consecuencia de un paternalismo mal entendido e innecesario, cuando no de un afán de adoctrinamiento, ha hecho el resto. Un posgrado que hacía sobresalir al alumno en el final del siglo pasado ha dejado de ser el pasaporte adecuado para obtener un buen empleo y, por tanto, un buen salario. Sencillamente, porque todo el que lo desea puede obtener un título de grado, todo el que lo desea puede tener un máster. «Hace 20 años —me recuerda Julio Iglesias de Ussel—, con un título entrabas por la puerta principal de las empresas. Teníamos poca gente formada, bastaba con enseñarlo. Sin embargo, cuando todo el mundo lo tiene, ya no es válido como criterio de selección. Ahora, la criba se hace en función de la acreditación de los criterios específicos que requiere el empleo, porque para la empresa ya no es esencial el diploma, sino el conocimiento real adquirido. Si has estudiado Filología Alemana, debes demostrar que puedes negociar con un cliente o hacer gestiones con la Administración hablando alemán con absoluta fluidez. Y esas habilidades no te las enseñan todas las universidades».

Con todo, por brillante que pueda ser un currículo, para el mercado puede resultar insuficiente. Hoy, las empresas valoran otras aptitudes como la disponibilidad, la capacidad de sacrificio y de trabajar en equipo, la disposición a colaborar o incluso el altruismo. Debes desenvolverte con educación, relacionarte con cortesía, tienes que integrarte en un grupo de trabajo. Recuerda Iglesias de Ussel el caso de uno de sus alumnos recién graduado que había llegado a la última prueba de un proceso de selección de personal en una empresa. Él y sus compañeros disponían de varias horas para resolver un problema complicado. En eso estaban cuando apareció el último de los aspirantes al puesto que estaba en liza. Llegaba tres cuartos de hora tarde. Desconocía las instrucciones para realizar el trabajo y preguntó al resto: «Nadie le hacía ni puñetero caso porque incordiaba e interrumpía continuamente. Salvo mi alumno, que a fuerza de atenderle se quedó sin tiempo para acabar su prueba. Así que lo dio todo por perdido al terminar, daba por sentado que había desaprovechado esa oportunidad. Cuál no fue su sorpresa cuando lo llamaron unos días después y ¡lo contrataron, a mi alumno! ¿Por qué? Porque el que había llegado tarde era un infiltrado, estaba ahí para poner a prueba a todos, querían saber quiénes mostraban un espíritu real de colaboración. Hoy en día, las empresas buscan habilidades que no requieren exclusivamente de formación académica, valoran la acción social, todas esas experiencias humanas formativas ajenas al currículo propiamente dicho son esenciales para tener éxito. Son valores. Y no se enseñan solo en la escuela, se aprenden en la familia, en el entorno social. La clase media ilustrada siempre se ha preocupado por ello». El ambiente en el que crecemos, esos valores que rigen nuestra existencia y con los que nos conducimos pueden llegar a resultar determinantes. Aunque no se realcen en los medios de comunicación o en la sociedad.

Desgraciadamente, vivimos en un país en el que en vez de premiar el mérito se tiende uniformar para que nadie pueda sentirse apartado o a margen de la masa. En el imaginario colectivo se ridiculiza y se menosprecian el esfuerzo y el afán de superación. «Salvo en el fútbol, esa es la excepción —añade el catedrático—. En el resto de áreas, al que le va bien se le pone bajo sospecha, no se le dignifica. Es el empollón. No se valora para nada el esfuerzo, el trabajo. Y eso conduce a un desplome de las exigencias de los alumnos. La universidad, como templo del conocimiento, del descubrimiento de las cosas sustanciales del mundo, sea de la Geología, Astronomía, Química, Física o Derecho, se ha contemplado históricamente casi con reverencia. Se daba por hecho que allí había gente de valía. Hoy, es un sistema de puertas abiertas donde todo el que quiere puede entrar, sin ningún grado de exigencia ni motivación por la excelencia. Eso conduce irresponsablemente a una degradación».

A estas alturas, todavía no hemos caído en la cuenta de que lo que nos hace avanzar no es el título, es el saber.

Tengo derecho a que me hagan feliz

Denver es un bonito *golden retriever* que ha hecho historia. Hay perros que disfrutan de una existencia de lujo, los que reciben herencias multimillonarias, pero no se recuerda el caso de un can desempeñando un puesto ejecutivo. A Denver, una *startup* de la India que se llama Harvested Robotics lo ha nombrado Chief Happiness Officer, es decir, es su director de Felicidad. Uno de los fundadores de esta empresa ha explicado en LinkedIn las razones de este inusual fichaje: conquista corazones y mantiene la energía en la oficina. Al parecer, para quien no acabe de entenderlo, el perro está entrenado para ladrar cuando detecta mal ambiente. Entre sus misiones como ejecutivo está visitar de forma periódica a los trabajadores para ayudarles a desconectar, hacer descansos y recuperar energía. Su presencia en las reuniones importantes es indispensable. Dicen que es fabuloso romper las rutinas.

Como Harvested Robotics, cada vez son más las empresas, multinacionales o nacidas en entornos digitales la mayoría, que crean departamentos propios o subcontratan los servicios de consultoras especializadas en felicidad para que trabajen con sus recursos humanos. Se presentan en internet con vídeos grabados en oficinas multirraciales en las que todo el mundo parece extraordinariamente amable, todo el mundo sonríe. Dan ganas de irse a trabajar con ellos solo con verlos.

Las razones puramente humanitarias para invertir si no en la felicidad, sí en el bienestar emocional de los empleados, son obvias: la frustración y los problemas de salud mental, que permanecían latentes desde la crisis de 2008, reventaron con los confinamientos decretados durante la pandemia de covid y se han revelado como una gran epidemia que afecta al desarrollo personal y profesional de las personas. Pero las empresas no son ni deben ser organizaciones de apoyo psicológico. Su misión, por mucho que lo maticen sus campañas de marketing y acciones de responsabilidad social corporativa, es producir bienes o servicios y ganar dinero vendiéndolos. Es muy probable que les preocupe el bienestar de su gente, sin duda lo hará en el marco de las relaciones interpersonales, pero su motivación principal es y debe ser económica: las bajas laborales en ascenso les cuestan una fortuna, la desmotivación drena la productividad, cada vez son más los trabajadores que practican la denominada renuncia silenciosa, insatisfechos, atrapados y resignados con un jefe o en un puesto que no les reporta un solo beneficio más allá del salario a fin de mes, y las dimisiones han crecido de forma alarmante desde la pandemia. Solo en 2021, en Estados Unidos cerca de 48 millones de personas abandonaron su empleo. Lo denominaron, con toda lógica, «La Gran Renuncia». La fuga de talento también se ha detectado en España, a pesar de que la tasa de paro, tres veces más elevada, invita a pensárselo dos veces antes de rescindir un contrato más o menos seguro. Es un problema de primera magnitud. «Los buenos empleados ya no se quejan, se marchan», escribía en LinkedIn el presidente de Vicky Foods, una de las empresas españolas punteras en el sector agroalimentario.

La pregunta que cabe hacerse es si la consultoría es la panacea para resolverlo o si no es más que otro bálsamo de Fierabrás que se pone de moda. Margarita Álvarez, consultora de bienestar organizacional, comunicación y liderazgo y, según Forbes, una de las 50 directivas líderes en España, trabaja precisamente en eso, en ayudar a las empresas a favorecer el bienestar de sus trabajadores para evitar que se fuguen. Y su primera tarea cuando inicia una charla consiste en deshacer equívocos, porque piensa que tratando de resolver un problema, nos hemos creado otro mucho más serio. Explica Margarita que la gente está descontenta porque piensa que no es feliz. Y la cuestión no es que sea o no feliz, sino que confunde felicidad con alegría. Y estar alegre a todas horas, todos los días, es imposible. Hemos dado el mismo significado a dos conceptos que nada tienen que ver: felicidad y alegría. Y no, no son lo mismo. Echemos mano del diccionario de la Real Academia:

Felicidad: «Estado del ánimo que se complace en la posesión de un bien. Satisfacción, gusto, contento».

Alegría: «Sentimiento grato y vivo, producido por algún motivo de gozo placentero o a veces sin causa determinada, que se manifiesta por lo común con signos exteriores. Palabras, gestos o actos con los que se manifiesta el júbilo».

Piensa Margarita que esperamos alegría cuando evocamos la felicidad y acabamos atrapados y frustrados en la búsqueda de esa alegría que nada tiene que ver con la felicidad que perseguíamos. Asistí a una de sus sesiones en el foro «Ciudad Real. Ciudad de oportunidades», un proyecto de colaboración entre el Ayuntamiento y las empresas locales para atraer inversión a la ciudad. Margarita nos recopiló una decena de supuestas noticias, a cual más desternillante, sobre empresas que habían convertido la sonrisa permanente en un objetivo empresarial, profesional y vital de primer orden.

Es tal la preocupación de los directivos por la falta y la fuga de talento que ya no saben qué hacer para tratar de retener a sus trabajadores más valiosos. Y les ofrecen alegría envuelta en el término «felicidad», que parece haberse convertido en el nuevo salario emocional. Pero como la vida es una sucesión de sonrisas y lágrimas, cuando caemos en la cuenta de que no estamos permanentemente alegres llegan los desengaños y las frustraciones que nos bloquean. El drama hace acto de presencia: somos incapaces de enfrentar hasta los más nimios contratiempos puntuales del día a día. No hemos aprendido a hacerlo. No es un problema de adultos insatisfechos, es que estamos educando así a los niños. Y esa educación, que consiste en ir aprendiendo a vivir, en ir ganando responsabilidad y madurando, no es responsabilidad ni cometido de la empresa, ni de los medios de comunicación o los gobiernos. Se inculca en el colegio, a edades tempranas, y, sobre todo, en el entorno más cercano, en la familia. Es tarea que debe hacer uno consigo mismo. Y no se ha hecho.

Si los conocimientos y las capacidades técnicas pueden ser decisivas para determinar el lugar que un individuo acabará por ocupar en la sociedad, tanto o más importante es su entrenamiento o preparación emocional, psicológica o mental. La psicóloga María Jesús Álava Reyes lleva años alertando sobre esa deficiencia que ha acabado por convertirse en epidemia, posiblemente una de las causas de la multiplicación de bajas por salud mental. Hace más de una década, ante una sociedad alarmada por la falta de oportunidades y la supuesta fuga de talentos que provocó la Gran Crisis, tuve la oportunidad de entrevistarla en el programa que entonces dirigía en Telemadrid, *Diario de la noche*. Su diagnóstico estaba tan vigente entonces como ahora: académicamente, las nuevas generaciones no parecen ser las mejor preparadas de la historia, pero lo más grave es su deficiente preparación emocional. Es nula. María Jesús incide en ello en su último libro, *Que nadie manipule tus emociones*. Asegura que «no nos han preparado para la vida. El déficit que presentamos en nuestra educación emocional es tan grande que la mayoría de nuestros análisis son subjetivos y erróneos, llenos de pensamientos automáticos e irracionales, que favorecen sufrimientos inútiles, que nos debilitan y nos hacen vulnerables».

En la época en la que mantuvimos esa entrevista, me ofrecieron impartir clases en una universidad de la que me ahorraré el nombre, porque ya ha aparecido con demasiada frecuencia en los papeles y no precisamente para bien. Caí en ese campus casi por casualidad. El decano, buen amigo, necesitaba con urgencia a una persona que cubriera el puesto de un docente que acababa de coger una baja de larga duración sobrevenida. Me tocó estrenarme impartiendo la asignatura de Economía a alumnos del primer curso de periodismo. Y mi primer choque con la realidad universitaria, ajena por completo a mi desempeño profesional, fue la obligación que el centro me imponía de pasar lista. Me recordó a mis tiempos de instituto, no daba crédito. Admito que dejaba el papel a la puerta para que cada cual firmara, aunque fuera consciente de que algunos falsificaban la rúbrica de los que habían hecho pellas, a los que a veces veía pasar las mañanas al sol en el césped porque no se molestaban en disimular. Pero tenía meridianamente claro que la tarea que me habían encomendado no era la de ser cancerbera, ni maestra de guardería, sino la de transmitir a personas mayores de edad, y, por tanto, supuestamente responsables de sus vidas y su futuro, los saberes necesarios para que cuando se incorporaran a una redacción como periodistas fueran capaces de entender, además de comunicar al público, información sobre el producto interior bruto, la inflación o los resultados de una empresa.

Mi segunda sorpresa fue la protesta generalizada que se desató en el aula cuando les exigí que leyeran un libro al mes y elaboraran la consiguiente reseña con la que me demostraran que lo habían entendido. Espero que algunos aprendieran algo. Personalmente, supe sacarle provecho. Me convertí en experta en detectar fraudes en internet. Lo más elaborado procedía del *Rincón del Vago*, pero había alguno que no se molestaba en indagar tan lejos, se conformaba con copiar el primer resumen que aparecía en Google. En mi clase, como en todo ecosistema humano, había alumnos con ilusión, con ganas de aprender, con deseos de llegar lejos, pero había otros muchos que ni querían ni sabían leer. Por supuesto, tampoco escribir un texto medianamente comprensible, algo verdaderamente preocupante si a lo que se aspira en la vida es a convertirse en periodista. Claro está que alguno que otro pasaba por allí como podría haber pasado por cualquier otro recinto, porque su verdadera aspiración era vivir de la fama. A eso quedábamos reducidos a sus ojos los presentadores de informativos. También hay que reconocer que en este país se puede ganar más dinero triunfando en Instagram, TikTok o un *reality show* que ejerciendo de plumilla. ¡Qué le vamos a hacer, algunos incentivos son perversos!

Alcancé el límite de mi paciencia como profesora universitaria a la hora de revisar las evaluaciones de los exámenes. Alguno infectado hasta el tuétano de faltas de ortografía y, por sorprendente que pueda llegar a parecer cuando el texto supera el folio de extensión, con una pavorosa ausencia de cualquier grafismo que pudiera asimilarse a un signo de puntuación, como una coma. Por sugerencia del tutor de alumnos, me vi en la tesitura de explicar a una airada mamá que su prometedora niña no sabía tanto como le decía su tío, que, por cierto, también a sus ojos era listísimo. Y por esa razón había decidido suspenderla. Algo que, como se puede deducir, ella, que pagaba una fortuna para que su hija pudiera tener un título, se negaba a entender. Entre otras cosas, porque le iba a costar otro dineral la consulta de un psicólogo que ayudara a la joven a encajar tamaño trauma. Me temo que a la madre tampoco le hubiera venido nada mal, pero no me atreví a sugerirlo. Aquel drama —o comedia, según cómo se mire— me sirvió para desentrañar al fin la razón por la que algunos becarios apenas eran capaces de contener las lágrimas cuando les explicaba que, por ejemplo, «alud» no es lo mismo que «laúd» o cuando les exigía elaborar de nuevo una noticia. Se les caía el mundo encima.

Pasadas las evaluaciones, por razones obvias, tiré la toalla. Admití, sin pesar alguno, que no había heredado de mi madre, maestra, un solo gramo de su espíritu abnegado y vocación por la docencia. No estaba dispuesta a dejarme la piel por enseñar a leer a un niño que no tenía el menor interés en hacerlo. Tampoco me legó su paciencia ante las más absurdas demandas de los padres, sobre todo frente a todos aquellos que estaban seguros de que el retoño que habían alumbrado era, como no podía ser de otro modo, un superdotado. Ya se habían ocupado ellos de que aprendiera el abecedario antes que a coger correctamente los cubiertos, pero esos niños eran después incapaces de relacionarse con los compañeros en el patio de recreo o de dar una patada a derechas a un balón.

En mi breve paso por los grados universitarios, aunque me topé con alumnos, profesores y compañeros de claustro verdaderamente valiosos, personas de las que aprendí, corroboré que ese mundo no era el mío. Tampoco, aunque no parecían ser conscientes de ello, el de muchos otros que pasaban por allí convencidos de que ese título sería el papelito que les catapultaría a la gloria. De confianza iban sobrados: alcanzarían todas sus aspiraciones vitales, que, por supuesto, no eran formar parte de la gris clase media de la que procedían, sino hacerse ricos y, por tanto, personas extraordinariamente felices. ¿O alegres?

Les hemos vendido humo, sí, pero también muchos han querido comprarlo. El éxito fácil en canales de YouTube y redes sociales es seductor, pero solo está al alcance de unos pocos. Y no es fortuito, aunque a veces el azar o los caprichos de las audiencias puedan echar una mano. Requiere de horas de dedicación. La alternativa es un largo periplo por un sistema educativo que les permite ir saltando de nivel por año académico sin apenas obstáculo, ni siquiera el del suspenso, y del que no todos y no siempre obtienen el retorno que esperan. Un estudio elaborado por Indeed, una plataforma digital líder en búsqueda de empleo para aspirantes y empresas, destaca que prácticamente la mitad de los estadounidenses *millennials* y de la generación Z, los nacidos después de 1980, sienten que el gasto que han hecho para ir a la universidad ha sido una pérdida de dinero. Ellos piensan que ha sido la inteligencia artificial la que ha dejado obsoletas sus titulaciones. Más de la mitad de las ofertas de empleo que publica este portal ya ni siquiera exigen una licenciatura o un nivel de formación reconocido oficialmente. Aunque probablemente estén equivocados, los estudiantes, que todavía tienen que devolver sus préstamos, sienten que lo que han aprendido ya no vale nada. Una frustración más que gestionar.

Han crecido en familias más o menos acomodadas y aspiran a mantener o elevar ese estatus. Han recorrido los itinerarios que les han marcado arropados por abuelos y padres, más dados a comprender los fallos del niño que las exigencias del maestro, han ido pasando los años acunados por una paternalista sociedad del bienestar e intoxicados a consignas. El salto a la vida real es una sonora bofetada. Les dijeron que un título universitario era la garantía de que progresarían y, cuando lo recogen, caen en la cuenta de que si quieren mantener el mismo nivel de vida que tenían en su casa, ese diploma es solo el principio. Tienen años y años de duro esfuerzo por delante y piensan que no llegarán a alcanzar esa meta en toda su vida sin el apoyo económico de los padres, que, en lo que pueden y con el permiso de Hacienda, ahí siguen, avalándoles. Y se sienten estafados. Hay que admitir que algo de razón llevan: no era ese el brillante porvenir que les prometieron. Y ahora no saben cómo gestionarlo.

Cuando éramos de clase media (trabajadora)

Los que nacimos entre 1965 y 1980, a los que el escritor Douglas Coupland bautizó como generación X, hemos crecido desayunando el Cola Cao los sábados por la mañana frente a un televisor en el que aparecía la bruja Avería explotando todo lo que le venía en gana al grito de «¡Viva el mal, viva el capital!». Ese personaje poderoso de colmillos afilados y pelos de cable en rastas de colores que nos dejaba embobados era la supuesta encarnación de todas las amenazas de nuestro tiempo, que para sus sucesivos directores podían resumirse en uno: el capitalismo neoliberal, que por aquel entonces encarnaba en el imaginario colectivo la Dama de Hierro, la primera ministra británica, Margaret Thatcher. «¡Ergios, vatios y turbinas! —bramaba la bruja—, produzco crisis y ruinas», «¡por Orticón, Saticón y Vidicón!, nadie sabe cómo detener la inflación!».

En esos años no había más alternativa. *La bola de cristal* era lo que ponían: marxismo cultural que se filtraba inadvertidamente por la piel en un programa destinado al público infantil. Cuentan que duró lo que tardaron en verlo en la Moncloa, unos cuatro años. La ácida crítica contra el deterioro póstumo del Gobierno de Felipe González, que se quedaba muy a la derecha de la posición política de los guionistas, era una constante. Es todo lo que había en la tele, porque solo teníamos dos canales, la 1 y el UHF, que era la 2. Ahora, los padres pueden elegir entre un amplio surtido de canales temáticos para los niños.

Los que hicimos la EGB heredamos los libros de nuestros primos y los dejamos después en herencia a nuestros hermanos. Únicamente había que cambiar el forro de plástico el primer día de clase. ¡Con el gusto que daba que te tocara uno sin estrenar! Pero eso solo ocurría muy de cuando en cuando, que pregunten a los segundones. Algo similar pasaba con la ropa. Estrenábamos cada dos o tres años mochila. Lo que durara, salvo que fuéramos un abanto, como decía mi abuela, y se quedara inservible de un curso para otro. Llevábamos al recreo el bocata hecho en casa y envuelto en papel de aluminio y, el día del cumple, repartíamos una enorme bolsa de caramelos Sugus y Palotes entre los compañeros. No se habían inventado los parques de bolas para hacer una gran fiesta. Eso sí, había merienda en casa para la familia y los amigos. Y cada fin de semana te daban la paga para comprar unas chuches. Ya podías administrarte bien porque no había más hasta el siguiente domingo.

Crecimos a caballo entre dos mundos. La caja en la que recogíamos los juguetes y las fichas de mecanos y construcciones era el bote de cartón del detergente primorosamente forrado. Jugamos en la calle al rescate y al escondite y estrenamos también las primeras salas de juego con maquinitas y los primeros ordenadores, el Spectrum o el Amstrad 128K. Pasamos del teléfono fijo asido a la pared mediante un cable, al móvil en la universidad y al *smartphone* de última generación como profesionales, saltamos del analógico al digital y ya estamos entrenándonos para convivir con la inteligencia artificial. Crecimos escuchando música en las primeras cadenas de radiofórmula y en las cintas de casete que invariablemente acababan enganchadas en el transistor. Y ahora pagamos la suscripción al Spotify. *Enamorados de la moda juvenil*, como cantaba Radio Futura, pasamos de las boutiques para unos pocos a la democratización de las marcas. Consumimos Don Algodón, inauguramos las tiendas de Zara y compramos los primeros productos de importación para consumo de masas, como los Levi's, las Converse o los jerséis de colores que Benetton anunciaba en provocadoras campañas publicitarias que acababan convertidas en noticia. En el coche familiar, íbamos apretujados con nuestros hermanos en el asiento de atrás sin cinturón de seguridad, porque no lo había, pero fuimos los primeros que hicimos los viajes de fin de curso en aviones, antes incluso que nuestros padres.

¿Éramos de clase media? Siempre lo he creído. Clase media trabajadora, apostillaba mi padre cuando le preguntaba, porque teníamos que ponerlo en los papeles para hacer la matrícula que mandaba el colegio en septiembre. ¿Qué significa ser de clase media? Obviamente, los niños y adolescentes de 2025 se sentirían miserablemente pobres si tuvieran lo que nosotros tuvimos. Los tiempos cambian, el país ha crecido y dispone de muchos más recursos, el mercado es mucho más amplio y complejo, la oferta de consumo extraordinariamente mayor y la sociedad más rica y diversa, menos uniforme que entonces. Sus preferencias y necesidades son otras.

El concepto de clase media es reciente, nace con el desarrollo de los estados del bienestar entrado el siglo XX, cuando se supera la dicotomía propia de las sociedades posrevolución industrial entre las élites y burguesía y las clases obreras o trabajadoras. Se define con criterios objetivos, pero es innegable que tiene también un componente de subjetividad: evoluciona y, en términos sociológicos, puede actualizarse con cada generación. La definición de clase media que harían los Z está, a buen seguro, a años luz de la nuestra, la generación X. Pero será distinta a la que puedan hacer los *millennials*. Probablemente, nuestros padres, los niños de la posguerra, ni siquiera oyeron hablar del asunto hasta las postrimerías de la dictadura o, incluso, el advenimiento de la democracia, porque apenas existía. La sociedad, en términos económicos, estaba mucho más polarizada: había ricos y pobres que, aunque disponían de un techo bajo el que dormir, algo que ahora se antoja un lujo, se mataban a trabajar para llenar la despensa, poco más. Las clases medias son el gran logro de las sociedades desarrolladas y, en España, ese salto comienza a producirse a gran escala cuando el Plan de Estabilización de 1959 comienza a hacer efecto.

¿Qué significa ser de clase media? La Fundéu lo define como un «estrato social con un nivel económico intermedio, situado entre la clase baja y la clase alta. Este nivel socioeconómico se caracteriza por tener ingresos que permiten cubrir las necesidades básicas y también cierto margen para el consumo y el ahorro». Ni rico ni pobre, me contestan la mayoría de las personas de aparente clase media a las que pido una definición. Como el término indica, son los que están en medio o entre medias, los que, en el espectro socioeconómico, no pueden considerarse ricos y opulentos, pero tampoco tienen que pedir para poder comer. Y, sin embargo, hay ciudadanos y familias a las que podríamos encuadrar a simple vista aquí por su forma de vida, porque tienen una vivienda o incluso un empleo, y durante algunas etapas de su existencia se han visto obligados a mendigar ayuda, si no para pagar la letra de la hipoteca o para llevar a su mesa cada día algo que echarse al estómago, sí para hacer frente a la factura de la luz o las vacunas de los niños que no financia la sanidad pública. Han echado mano para salir del apuro de familiares y amigos cercanos, pero también de instituciones sin ánimo de lucro. Los almacenes de Cáritas o el Banco de alimentos guardan secretos de lágrimas y dramas. ¿Ya no son de clase media y es que les avergüenza admitirlo? ¿O es que esta es más pobre de lo que era hace unos años? ¿O tal vez sea que, hoy, se necesite más que lo que necesitábamos los que estudiábamos en la EGB para mantener ese estatus?

Estadísticamente, serán más o menos amplias, pero siempre habrá clases medias. Para la OCDE, que clasifica a las sociedades valorando las rentas de la familia, no las de cada individuo, en la clase media estarán los hogares con unos ingresos que oscilen en un rango de entre el 75 y el 200% de la mediana de ingresos del país. La renta mediana es la que, como su nombre indica, está en el justo medio, la que parte en dos, de la mitad hacia arriba y de la mitad hacia abajo, todas las rentas familiares que se ingresan. Es un cálculo más certero que la renta media, porque los sesgos que introducen los ingresos más elevados y los más bajos pueden distorsionar la cifra y, por tanto, la percepción de la realidad.

Con ese criterio ya podemos echar las cuentas. Si en España la renta mediana, en 2025, es de 1 790 euros al mes, una familia que ingrese entre 1 343 y 3 581 euros será, oficialmente, de clase media. Es decir, que en el hogar que cobren 3 582 euros al mes, menos de 43.000 al año, pueden descorchar la botella de champán para celebrarlo porque, aunque seguramente no lo sabían, pertenecen a la clase alta, por no decir que son ricos. ¡Prepárense también para protegerse de las iras de aquellos que se han auto-erigido en defensores de lo común y prometen salvar a los pueblos de las brujas Avería! Entre otros, algunos van vestidos con el chaleco de la Agencia Tributaria.

Ironías aparte y con todos los respetos a la OCDE, el sentido común invalida en gran medida su estadística. Una familia que ingresa 1 343 euros al mes, aunque sea unipersonal, no digamos ya si son más de uno, estará en el justo medio de la población, pero no puede pagar casa, comida, luz, agua o calefacción y transporte, lo más básico para vivir. Quizá sí en un pequeño pueblo, pero no en una ciudad, que es donde vive la gran mayoría, porque es donde residen las oportunidades de empleo. Esa familia será objetiva u oficialmente de clase media, pero no puede sentir que pertenece a ese segmento de la población. Por supuesto, si difícilmente le alcanza para subsistir, mucho menos ahorrar un solo euro. Automáticamente, según la definición de la Fundéu, quedaría excluida de la clase media. En el imaginario colectivo, pertenecer a la clase media, como nos decía Pablo en el primer capítulo, es que no te falte de nada, nada al menos de lo más básico. Incluso, ser de clase media significa que, en alguna ocasión señalada, puedas darte algún pequeño capricho. Con 1 343 euros al mes eso es inimaginable, salvo que el gasto más abultado, que suele ser la vivienda, la tengas pagada de antemano, te haya tocado en herencia o te la hayan regalado o, como a él, te cedan la del abuelo por un módico precio.

En España, en junio de 2025, el 58% de la población se declaraba de clase media en el Barómetro del CIS. Desde la clase media-baja, pasando por clase media-media a clase media-alta. Entre la gran mayoría de los que se sienten de clase media, cuatro de cada diez se ubican en el centro, en la clase media-media. Las respuestas no están sustentadas en variables medibles u objetivas, como las que usa la OCDE. Obedecen únicamente a la percepción subjetiva del que responde. En la clase alta solo se colocan un 0,5% de los ciudadanos. Y los que se declaran de clase trabajadora-obrera, clase baja o pobres suman un 29,8%. No es una cifra menor, tres de cada diez. Hay otra serie de opciones, como proletariado, excluidos o gente común, que registran respuestas que pueden ser útiles para los sociólogos, pero que a efectos de hacer una valoración resultan irrelevantes.

Lo que sí resulta elocuente, porque habla por sí solo, es cómo evoluciona la percepción que los españoles tienen de su estatus a lo largo del tiempo. Si tomamos como referencia los barómetros publicados en los sucesivos meses de junio del último lustro, el número de personas que se declara de clase alta, salvando una bajada puntual en 2022, se mantiene invariado. Sin embargo, el porcentaje que cree pertenecer a la clase media ha caído abruptamente. Es más, desde 2024, en apenas doce meses, lo ha hecho de forma extremadamente pronunciada.

Si, en 2021, más del 70% de los encuestados le decía al CIS que pertenecía a la clase media, en 2025 solo lo hace el 58,5%, algo más de la mitad de la población. Mientras que el número de los que se considera de clase media baja apenas registra variaciones en ese período, el de los que se declara de media-media desciende casi un 20%. De ser casi la mitad de la sociedad, a solo el 40%.

Pero más estrepitosamente cae el porcentaje de los que se creía cinco años atrás de clase media-alta. Son un 31% menos en 2025 que en 2021. Las cifras no necesitan más explicaciones. Son apabullantes. Y muy preocupantes. Los españoles piensan que se han empobrecido mucho y en muy poco tiempo.

¿Dónde han ido a parar las clases medias? A un escalón inferior en la clasificación socioeconómica de la sociedad. Son casi un 17% más los encuestados por el CIS que, de 2021 a 2025, se ubican en la clase trabajadora y cerca de un 45% más los españoles que piensan que ahora son de clase baja. El número de los que asumen que son pobres, aunque sea un porcentaje de población afortunadamente reducido, se multiplica por dos en los últimos cinco años. El deterioro que los ciudadanos observa de su estatus es verdaderamente alarmante. Y esa sensación, sustentada en su forma de vida, no cambiará por mucho que le repitan, mañana, tarde y noche, que la economía va como un cohete.

Tal vez, en las décadas de 1980 o 1990, una persona sentía pertenecer a la clase media porque podía permitirse el lujo de comprar una vez al año unos vaqueros de marca y, quizá, ahora para mantener esa percepción necesite el último modelo de teléfono móvil, capacidad de pagar la suscripción mensual de una o dos plataformas de vídeo, comer en restaurantes o viajar al menos una vez al año. Al ser una consideración en cierto modo subjetiva, ha ido evolucionando a medida que lo hacía la economía. En esta sociedad de consumo, requerimos de muchos más bienes o servicios que hace 20 o 30 años, porque también ha crecido la oferta a nuestra disposición. Sin embargo, hay un cierto consenso a la hora de definir un suelo, unas necesidades básicas que, al margen de opiniones, deben estar garantizadas para que una familia pueda considerarse digna de ser de clase media: un empleo más o menos estable y un salario justo, comida suficiente y una dieta variada y equilibrada en la mesa a diario y una vivienda digna, sea en alquiler o en propiedad. Y no lo están. Para muchos hogares, nada menos que para cuatro de cada diez —que probablemente serán más—, las tres condiciones, al mismo tiempo, son inaccesibles y les parecen inalcanzables. Los que han recibido el mandato de crear las condiciones para que eso pueda hacerse posible echarán la culpa al capital o volverán a sacar por la tele a la bruja Avería al grito de «¡por Orticón, Saticón y Vidicón!, nadie sabe cómo detener la inflación!». Pero la propaganda o la creatividad ni resolverán el problema, ni lograrán evitar que, la próxima vez que el CIS pregunte a los ciudadanos, sean más los que piensen que han caído a una clase inferior.

Hoy apenas la mitad de los españoles se siente de clase media, cuando hace cinco años lo hacían siete de cada diez. La sociedad percibe que se ha empobrecido mucho, en muy poco tiempo, muy rápido. Las clases medias, garantía de estabilidad y prosperidad de las naciones, se están evaporando a ojos vistas. Los ricos son los mismos. Los que se creen pobres, cada vez son más. Y el malestar que genera esa paulatina polarización económica ha degenerado en una creciente polarización política, convenientemente alimentada por los beneficiarios directos, aquellos que prometen soluciones fáciles y radicales a problemas extremadamente complejos. Una y otra se retroalimentan en una espiral terriblemente destructiva. Peligroso y preocupante.

Cambiando el chip

Diego nació con el siglo, en el 2000. La mayor parte de su joven vida ha transcurrido en España pero, como otros muchos de su generación, ha disfrutado de la posibilidad de estudiar en otros países: una Erasmus en Noruega y de completar, también con beca, su formación de grado en Tokio. Ha estudiado Filología. Puede hablar y escribir en japonés e inglés y se desenvuelve en chino y coreano. Desde hace algo más de un año, cuando dio por acabado su periplo universitario, al menos la primera etapa, es el encargado de un bar de copas de tardeo. ¡Y le encanta lo que hace! Asegura que está disfrutando, conociendo otros mundos y personas y aprendiendo a gestionar una pequeña empresa.

Diego abandonó el domicilio familiar con la mayoría de edad recién cumplida para iniciar sus estudios universitarios y ahora solo regresa de visita, cuando el trabajo se lo permite. No es plenamente independiente, comparte piso con amigos, pero tiene la suerte de vivir en una pequeña capital de provincia universitaria en la que los precios del alquiler son más asequibles que en las grandes ciudades.

Habrá quien se lleve las manos a la cabeza. ¡Ay, cuánto han cambiado las costumbres! No es que Diego haya decidido echar al cajón del olvido su formación académica, simplemente está ganando un dinero, un salario que muchos de su generación ya quisieran, porque prácticamente dobla al mínimo legal en una semana laboral de solo tres días y haciendo unos ahorros mientras decide a dónde orientar su futuro. Podría montar su propio negocio. O quién sabe si volverá a Japón para seguir estudiando, él no lo descarta. Algunos de sus coetáneos, si pueden permitírselo económicamente, se toman un año sabático o colaboran durante unos meses con organizaciones sin ánimo de lucro en países en desarrollo. Es otra forma de enfocar la vida muy distinta de la que han vivido sus padres, que prácticamente saltaron de las aulas al trabajo. Aunque se lamentan, con razones sobradas, de sus escasas posibilidades de acceder a una vivienda, valoran tanto o más su tiempo libre, su ocio o la flexibilidad en los horarios que el dinero. Viven al día. Quizá porque no pueden aspirar a mucho más con el presupuesto del que disponen. Quizá porque sean mucho más libres.

Es posible que el salario de Diego fuera más alto si se empleara como filólogo o traductor en vez de hacerlo en la hostelería, pero no necesariamente tendría por qué ser así. Cabe incluso la probabilidad de que, aunque lo hubiera buscado, no hubiera encontrado una ocupación ajustada a su formación académica. Es consciente de que, si decide retomar su carrera universitaria como profesional, tendría que especializarse con un máster en comercio o pedagogía, hacer un doctorado o preparar una oposición para trabajar en las administraciones públicas. Es decir, buena parte de sus opciones laborales pasarían necesariamente por volver a estudiar, cuando, paradojas de la vida, piensa que uno de los males que padece su generación «es la titulitis, que a la vista está que no nos lleva a ninguna parte».

Iván lo tiene más claro. O lo tenía. Tiene 28 años. Como Diego, ha renunciado a su vocación. Pero él lo ha hecho probablemente para siempre y por pura necesidad. Estudió Diagnóstico por Imagen en un centro privado. Para su familia, esa inversión en su educación supuso un gran esfuerzo, pero dio fruto, porque no tardó en firmar su primer contrato. Iván trabajaba en un moderno y puntero hospital de una gran cadena, también privada, en Madrid. Cobraba 1 200 euros al mes. Suficiente para vivir, sí, pero con sus padres. Hasta que, tres años después, dijo ¡basta!: «Me di cuenta de que no podía seguir así. Con ese sueldo no me daba para independizarme y veía cómo mis compañeros, que estaban en la misma situación que yo, tampoco tenían perspectivas de mejora».

Por esa razón decidió cambiar el rumbo de su vida. Hoy es vigilante jurado para una multinacional. Su salario es más alto: 1 900 euros al mes. Lo redondea haciendo trabajos como pintor de brocha gorda en domicilios en su tiempo libre. Sin embargo, sigue durmiendo en casa de papá y mamá, que le financian el móvil y la sanidad privada. Y los tíos, que son generosos, también echan una mano para ir llenando la hucha porque para comprar un piso, que es lo que quiere Iván, hay que ahorrar mucho. «No conozco a nadie de mi edad, con o sin formación, que pueda salir de casa de sus padres. A este paso, tendré que convivir con mi pareja y con ellos. Es frustrante».

Obligados por las circunstancias o por decisión propia, Iván y Diego entran en la estadística de trabajadores con infraempleo o sobrecualificados. Están más que preparados para desempeñar labores más sofisticadas, intelectuales y complejas de las que realizan, pero o no quieren o no pueden hacerlo. Entre otras razones porque en el supuesto de que encontraran un trabajo más o menos estable, que ya es mucho suponer, el sueldo no les llegaría para cubrir sus necesidades más básicas.

Y es que a pesar de que han transcurrido casi dos décadas apenas nos hemos repuesto de la durísima devaluación salarial inducida por los gobiernos de Zapatero y Rajoy para evitar que la Comisión Europea y el FMI nos impusieran un draconiano programa de reformas tras la crisis de 2008. En el afán por evitar la quiebra, primero, y salvarnos de una cesión de soberanía, después, acometieron un drástico recorte de gastos, subieron impuestos y empujaron a las empresas a ajustar plantillas y bajar salarios. Ambos, en la medida de sus menguantes posibilidades, optaron por salvaguardar el poder adquisitivo de los que tenían menos margen de maniobra. Eran también los votantes más cumplidores, los jubilados.

La peor parte de esa apuesta se la llevaron los que en esas fechas se incorporaban al mercado laboral y los que han llegado posteriormente, los más jóvenes. Los dejaron en la cuneta y siguen arrastrando las consecuencias de aquellas decisiones. El encarecimiento posterior del coste de la vida, sobre todo tras la pandemia de covid, ha mermado más si cabe su capacidad económica. Los *millennials* son más pobres de lo que lo eran a su misma edad generaciones anteriores. Cursan grados y posgrados como no lo hicieron sus progenitores, viajan y aprenden idiomas y acaban desmotivados, con nóminas que apenas superan el subsidio más alto o poniendo hamburguesas en una cadena de comida rápida. Somos el país de la OCDE que presenta las tasas más elevadas de sobrecualificación de nuestros jóvenes. Alcanza nada menos que al 35%, según EUROSTAT. La raquítica oferta industrial y la pobreza de opciones de empleo cualificado en el tejido productivo contribuye a fortalecer esa dinámica perversa.

Ante las escasas alternativas, la prolongación de los estudios superiores hasta edades muy avanzadas los dota supuestamente de más capacidades a la hora de buscar una ocupación más acorde a sus estudios pero, al mismo tiempo, retrasar su primer contacto con el trabajo les resta experiencia y, por tanto, competitividad frente a los que optan por otros itinerarios educativos o a los profesionales que proceden de otros países. Si en 2009, cuando estábamos inmersos en la peor recesión en un siglo, accedían al mercado laboral con 27 años y medio, ahora no lo hacen mucho más temprano. Según los registros de afiliados de la Seguridad Social, tienen poco más de 26. Son dos años de retraso frente a 2015, cuando, oficialmente, salimos de la gran crisis. En un mercado que es global, ese acceso tardío se paga con salarios comparativamente más bajos que los del resto de europeos, que firman su primer contrato a unas edades más tempranas.

Con el fin de evitar esa desventaja se hizo la reforma de Bolonia, pero de nada parece haber servido: «Queríamos homogeneizar las estructuras para anular las desventajas de nuestros alumnos, porque, en la práctica, estábamos retrasando en dos años su acceso al mercado de trabajo con el título en el bolsillo y era una disfunción perniciosa para ellos», me explica Julio Iglesias de Ussel, que fue uno de los negociadores. Una vez se puso en marcha el nuevo modelo, la licenciatura de cinco años se recondujo a grados universitarios de tres o, a lo sumo, cuatro. A partir de ese momento, podían trabajar, aunque simultáneamente decidieran cursar un posgrado para especializarse. Sin embargo, no lo hacen. La tasa de paro en este segmento de población dobla la media europea. Los datos de afiliación corroboran que no ha servido para estimularlos a entrar antes en el mercado laboral. O no encuentran opciones para hacerlo o tal vez haya que buscar razones mucho más prosaicas y arraigadas en nuestra cultura popular para explicar ese comportamiento: como en casa de mamá, a mesa puesta y con la ropa planchada, no se está en ninguna parte. Y ella, encantada.

Han entrado en un círculo vicioso. Si empiezan a generar ingresos a los 26, no es de extrañar que continúen viviendo en el hogar familiar hasta pasada la treintena. La edad media de emancipación en España se retrasa a los 30 años y tres meses, calcula el Consejo de la Juventud de España. Las mujeres son algo más jóvenes cuando abandonan el domicilio paterno, no alcanzan los 29, mientras que los varones esperan hasta casi los 31. En Europa, se van de casa antes de cumplir los 26 y medio. Son cuatro años que llevan de ventaja. Han enfocado sus vidas de otro modo.

En los peores años de la Gran Recesión tuve el privilegio de entrevistar con cierta frecuencia a Juergen Donges. El economista, profesor de la Universidad de Colonia y miembro del Consejo Alemán de Sabios Económicos, viajaba con frecuencia a nuestro país invitado por la Fundación Rafael del Pino y el Instituto de

Estudios Económicos. Dominaba perfectamente nuestra lengua y conocía como nadie nuestra economía, puesto que su mujer era española. Lo mejor de esas entrevistas no era lo que grabábamos para emitir posteriormente en la televisión, sino las conversaciones que manteníamos antes o después de que se encendiera el piloto rojo de la cámara. Ahí, sus concesiones a lo políticamente correcto —que, en honor a la verdad, no eran demasiadas, porque afortunadamente hablaba muy clarito— desaparecían por completo. No desvelo ningún secreto, puesto que también llegó a expresarlo él mismo públicamente, si cuento que el profesor era incapaz de entender el modo en el que los poderes públicos en España enfocaban la formación. Desesperado, lamentaba esa tardanza de los jóvenes en incorporarse a un puesto de trabajo, causa, en gran medida, en su opinión, de nuestras elevadas tasas de paro y factor decisivo también para explicar la baja productividad de nuestras empresas. A su parecer, era uno de los más graves problemas de este país, que él, por otra parte, adoraba.

El profesor Donges me recordaba a menudo que, cuando él acabó los ciclos de enseñanza obligatoria, sus padres lo condujeron a un centro de Formación Profesional, a una maestría —decía—, para aprender un oficio con el que ganarse la vida. Y después, solo después, ya con un empleo y pagándoselo de su bolsillo, fue cuando decidió ir a la universidad, haciendo compatible trabajo y estudios. Insistía en que eso fue positivo, puesto que aprendió a ganarse la vida por su cuenta. Obviamente, le obligaba a hacer un esfuerzo adicional. Pero era un joven económicamente independiente que corría unilateralmente con el riesgo de su apuesta por una formación superior y también reportaba beneficios a la sociedad, puesto que generaba riqueza con su desempeño como profesional.

En Israel, aunque es un caso muy particular, el de un país en guerra, todos los jóvenes se ven obligados a abandonar el hogar familiar al cumplir los 18 para hacer dos años de servicio militar obligatorio. En el Ejército adquieren unas habilidades que cuando salen les permiten ganarse el pan. Algo similar hicieron nuestros padres cuando la mili era forzosa. Muchos salieron de los cuarteles con el oficio puesto. Los israelíes, hombres y mujeres por igual, una vez licencian, emancipados de la familia y con su primer empleo como civiles gracias a la formación técnica que han asimilado, pueden optar a estudiar en la universidad si lo desean. Eso ya corre de su cuenta. Su pujanza tecnológica es una apuesta de país, una necesidad para garantizar su defensa, pero también una realidad fruto de esa preparación técnica de sus recursos humanos que se gesta en los ejércitos. No es una casualidad que sea una de las naciones con más empresas tecnológicas cotizando en el Nasdaq.

En España, por el contrario, la compatibilidad entre trabajo y estudios superiores es un *rara avis*. Y, sin embargo, ha pasado de objetivo deseable a convertirse en una necesidad acuciante para sobrevivir en unas economías que experimentan una profunda transformación. No solo para los jóvenes que quieren ganar un salario aceptable cuanto antes con el fin de independizarse, también para los profesionales que deseen progresar o, simplemente, mantener su estatus.

No es cuestión de formarse durante décadas antes de buscar el primer empleo. De hecho, parece contraproducente. Pero sí es imprescindible o al menos recomendable formarse para seguir bien empleado. Con una tasa de paro que alcanza a más del 10% de la población activa, las empresas se lamentan de que hay empleos que requieren de alta cualificación y, por tanto, mejor remunerados, que son incapaces de cubrir. La irrupción de nuevas profesiones y la desaparición de otras, la disrupción digital y la aparición de la inteligencia artificial, el cambio de paradigma, en definitiva, no espera a nadie. Sin una adaptación constante, corremos el riesgo de que una parte de la población, la que no se acomode a los cambios, quede marginada, arrumbada en los márgenes de la economía, viviendo a costa de un subsidio. No son pocos los mayores de 55 años apartados del mercado laboral porque no han podido o no han sabido reciclarse para adecuar sus capacidades a las exigencias de unas nuevas tecnologías y saberes que han modificado por completo los mecanismos de movilidad, vertical y horizontal, en el mercado laboral.

No es tanto el acceso, sino la progresión lo que ha cambiado sustancialmente. «Hace 40 años —me recuerda Iglesias de Ussel—, te jugabas tu futuro entrando en un nivel determinado en una empresa con una oposición. Y después experimentabas una progresión derivada de los trienios, quinquenios, etc. De ayudante pasabas a ser jefe de unidad y seguías ascendiendo. Esa proyección profesional se transformaba en progresión económica. Hoy, lo que ocurre es que el estatus no está determinado tanto por el sistema de acceso como por el de progresión o promoción posterior. Es decir, no te lo juegas todo en una oposición, como ocurría en el pasado, sino en los sucesivos saltos que puedas dar por tu trabajo, por tu esfuerzo o tus habilidades. Ahí también es esencial no solo el conocimiento, sino también la empresa. Se ha complicado mucho más. Necesitas una formación permanente, una autoevaluación, una autosuperación constante es imprescindible para no perder el paso. Necesitas entrar en esa dinámica de superación para no quedar arrumbado».

Salvo entre los sanitarios o en profesiones eminentemente técnicas, en las que los trabajadores se ven impelidos por pura necesidad a ir actualizando periódicamente sus conocimientos, la formación permanente es un gran agujero negro en nuestra cultura laboral. La oferta de las empresas a sus empleados se circunscribe poco más que a instruirles para manejar adecuadamente las herramientas informáticas que necesitan en su día a día y, en el mejor de los casos, a algún que otro curso de idiomas. Tampoco es que, salvo honrosas excepciones, los ocupados, a título particular, pongan mucho de su parte. La nefasta cultura del presentismo y los exhaustivos horarios en la oficina y los salarios reales, insuficientes para invertir en costosos cursos de especialización, no lo ponen nada fácil.

Lo sorprendente es que, aunque no en sus bolsillos, dinero hay. Otra cuestión es que, para alcanzar esos objetivos, esté bien empleado. Supuestamente, el presupuesto público destina miles de millones de euros a ese fin, fondos que reciben sindicatos, principalmente, y patronal para invertir en la capacitación de desempleados y ocupados. Solo en 2023, entre Educación y Trabajo presupuestaron más de tres mil millones de euros. Esos cursos están enfocados hacia la capacitación en la negociación colectiva, la igualdad o la prevención de riesgos, están orientados en gran medida a formar a sus cuadros técnicos antes que a la de capacitar a parados o trabajadores. Y nada apunta a que ese modelo vaya a cambiar.

El impacto de esos cursos en el mercado laboral es una verdadera incógnita, puesto que las administraciones públicas que les conceden esos fondos no tienen por costumbre auditar los resultados. En el mejor de los casos, el Tribunal de Cuentas comprueba si, sobre el papel, el dinero destinado a formación se ha empleado para tal fin. En el peor, descubrimos, pasados los años, gracias a denuncias de particulares o investigaciones de periodistas, que se han desviado para pagar francachelas, financiar a los amigos y crear grandes bolsas de voto cautivo, como ocurrió con el tristemente célebre caso de los ERE en Andalucía. Se esfumaron cerca de 680 millones de euros que tendrían que haberse empleado para formar a los damnificados por expedientes de regulación de empleo.

Todo Gobierno procura estar a bien con los sindicatos, a ningún presidente le agrada la convocatoria de una manifestación o una huelga. Esa es una de las razones por las que los fondos para la formación, una fuente extraordinaria de financiación para los representantes de los trabajadores, no se toquen. Aunque los que los reciban sean a la vez juez y parte. Se firman y punto. Solo en una ocasión, en 2017, Fátima Báñez se atrevió a plantear una alternativa. La entonces ministra de Trabajo propuso crear un cheque, con cargo al Tesoro Público, con el que los parados pudieran elegir y pagar la Formación Profesional que creyeran conveniente con el fin de elevar sus opciones de encontrar de nuevo un empleo. Nadie mejor que uno mismo sabe lo que realmente necesita. Pero solo pocas horas después de que ella misma anunciase esa iniciativa, que abría una grieta en el sistema, ya se había descafeinado. El ministerio se apresuró a precisar que iría destinada únicamente a los ninis, los jóvenes que ni estudian ni trabajan. Los beneficiarios serían poco más de 60.000 personas. Y el dinero se emplearía para financiar únicamente contratos de trabajo de formación. Todo parecía cambiar para seguir como estaba. ¡Faltaría más!

Otra ocasión perdida para gastar de forma eficiente un dinero que es de todos. Pero los intermediarios no perdonan y prescindir de ellos o exigirles un rendimiento evaluable tiene un precio político que, hasta la fecha, nadie ha querido asumir. Aunque su representatividad es menguante, conservan los resortes suficientes, si no para paralizar el tejido productivo, sí para poner contra las cuerdas a la Administración y abrir los telediarios. «No podemos incendiar todas las calles y todos los campos al mismo tiempo», me dijo un político cercano al Gobierno al poco de ganar Mariano Rajoy las elecciones en 2011 por una apabullante mayoría absoluta. Quizá ese era precisamente el mandato de las urnas: remover y transformar, una a una, todas las estructuras caducadas. No lo hicieron. La salida de la recesión en 2015 fue el espejismo que acabó por disuadirles. Ya no era necesario llegar a un crecimiento del PIB del 2% para que la economía pudiera crear nuevos puestos de trabajo. Con recoger esos benéficos efectos de la reforma laboral de 2011 se dieron por satisfechos.

Los que necesiten reciclarse para mantener su empleo seguirán pagando impuestos, porque Hacienda no perdona. Pero del dinero destinado a la formación de los trabajadores no verán un euro.

Terror en la oficina:
el empleado cincuenta

En diciembre de 2022, el número de jubilaciones batió todos los récords en un mes. Cerca de 14.400 personas entre los 63 y los 65 años decidieron que había llegado la hora de dejar de aportar a la Seguridad Social para empezar a recibir y se dieron de alta como pensionistas. Hicieron descarrilar todos los cálculos del Gobierno. Pudiera parecer un contrasentido, puesto que retirarse antes de haber cumplido la edad oficial sin la carrera de cotización completa supone asumir una penalización en la prestación. En teoría, iban a cobrar menos de lo que hubieran recibido si hubieran esperado solo un puñado de meses. Y, sin embargo, su decisión no podía ser más racional. La inflación se había desbocado en 2022, los precios subieron un 8,5%. Si al jubilarse anticipadamente la pensión a la que hubieran tenido derecho se recortaba un 3%, subiría inmediatamente después, en enero, un 8%, en compensación por el incremento del IPC. Ganaban cinco puntos, ganaban poder adquisitivo. Convertirse en clase pasiva, dependiente de las transferencias del Estado antes de lo previsto, salía a cuenta. Al menos, a todos aquellos que, hartos de buscar trabajo, hacía tiempo que habían tirado la toalla.

Si la falta de oportunidades es recalcitrante entre los más jóvenes, se ceba también con los trabajadores más longevos. Aunque la tasa de paro en este segmento de población es similar o ligeramente inferior a la del conjunto de ocupados, de en torno al 10%, contrasta con una media europea que apenas alcanza al cuatro. El problema no es tanto que no tengan un puesto de trabajo como las pocas opciones que tienen de encontrar uno nuevo en caso de haberlo perdido. Seis de cada diez parados con más de 55 años llevan más de uno en situación de desempleo y, según la Fundación Adecco, son demasiados los que se declaran abiertamente desesperanzados: ocho de cada diez no espera volver a trabajar jamás. Las alternativas: el autoempleo, que no está al alcance de todos, puesto que hacen falta arrojo, formación y músculo financiero en muchos casos, o el subsidio, por el que opta una abrumadora mayoría. Y a partir de ahí, a esperar, sin desesperanzarse, a los 62 años, que es cuando se puede pensar en acceder a la prejubilación, aun con penalización. Sea una opción voluntaria o sea forzada, es un lamentable desperdicio.

La inactividad es la principal fuente de precariedad de un individuo. Un empleo perdido, no digamos ya si lo es por un largo período de tiempo, no digamos si no hay expectativa de retornar al mercado laboral, es el camino más rápido y seguro para descender en la escala social. Y por más que oficialmente se celebren las caídas en las tasas de desempleo o los récords en ocupación, que serán siempre bienvenidos, nuestro mercado laboral parece metafísicamente incapaz de garantizar que todo aquel que quiera trabajar en condiciones meridianamente dignas pueda realmente hacerlo. Si en lo más crudo de la crisis, en 2012, el número de hogares con todos sus miembros en paro superaba el 1.800.000, al término del primer trimestre de 2025 eran todavía más de 800.000. Creciendo a un ritmo nada despreciable del 6%, más del doble de lo que lo ha hecho economía de enero a marzo. Y, aunque suele descender en la temporada alta turística, a lo mejor es que realmente no nos va tan bien como se encargan de propalar a los cuatro vientos los altavoces oficiales. Con diez de cada cien activos sin poder trabajar, a pesar de los repuntes de empleo en esos períodos vacacionales, como la Semana Santa o el verano, lo que nos advierte es que, al igual que en los albores de 2008, podríamos estar tocando suelos que se antojan muy difíciles de perforar. Por más que el presidente Pedro Sánchez lo celebre en sus escasas apariciones en rueda de prensa, no hemos llegado al pleno empleo, al menos no en la economía oficial. Otro cantar es la sumergida. No tendríamos por qué darnos por satisfechos.

En la mejor de las coyunturas de nuestro mercado laboral, a punto de estallar la burbuja de crédito, la tasa de paro cayó hasta el 8%. Alcanzaba a 1.800.000 personas. En esas fechas, en las regiones más dinámicas, como Madrid, el desempleo masculino era friccional, apenas existía. Y, en 2025, aunque el número oficial es algo superior, ronda los 2.000.000, volvemos a acercarnos a esa tasa. Por más que en los despachos oficiales lo celebren, no es para echar las campanas al vuelo. Quince años después de aquel 2008 de vino y rosas y registrando la Seguridad Social cifras históricas de ocupación, en torno a los 22.000.000 de personas, solo el 70% de la población en edad de trabajar, entre los 20 y los 74 años, puede realmente hacerlo. Nuestra tasa de paro duplica la media comunitaria, es la más elevada de la zona euro y también la más alta de la OCDE. Somos el único país desarrollado que alcanza un porcentaje de dos dígitos. Estamos a años luz del 3% de Alemania, Japón o México. Y entre los menores de 25 años ese porcentaje se dispara: uno de cada tres jóvenes está inactivo.

Con ser manifiestamente mejorable, la foto fija que los servicios de empleo difunden mes a mes, con alharacas cada vez que se anota una mejoría, por nimia que puede ser, dista de ser un retrato fidedigno de la realidad. Es tal el abuso del maquillaje que han convertido una estadística oficial en un trampantojo. En la vida real hay muchos más parados, muchísimos más que los que nos dicen. José Luis Fernández Santillana, responsable del servicio de estudios del sindicato USO, lleva años desentrañando minuciosamente esas tablas y desenmascarando sus artificios. En junio de 2025, él contaba 1.200.000 más que el SEPE.

La diferencia entre la cifra oficial y la de José Luis no es en absoluto despreciable. Hay un 50% más de personas que están desempleadas que las que figuran como tales. Podrán tener un contrato como fijos-discontinuos y, por tanto, figurarán de cara a la galería como indefinidos, pero lo cierto es que si demandan un empleo, estén o no activos en el momento en que lo hacen, es que con el que tienen no les alcanza para vivir dignamente. Los llamemos como queramos llamarlos, son trabajadores con contratos temporales o parciales. Es decir, precarios. Y suman más de 700.000. Otro tanto puede decirse de aquellos que están parados, aunque cuentan como ocupados para la estadística porque están inscritos en algún curso de formación, declaran una disponibilidad limitada para trabajar o están afectados por un ERTE.

¿Qué tipo de ocupación tienen las más de 1.200.000 personas que, aunque se declaran ocupadas, se registran en el SEPE buscando un empleo?, se pregunta retóricamente Fernández Santillana. La respuesta es obvia: la mayoría no tiene ocupación alguna más que la de temporada. «Tenemos un mercado laboral muy afectado por la estacionalidad y, por tanto, por la temporalidad de la relación contractual, que aunque se denomine indefinida siguen siendo contratos de temporada». En la práctica, en junio de 2025 se firmaron cerca de millón y medio de contratos al mes, pero son más rescisiones que altas. Parcial o plenamente, están parados, les pongan la etiqueta que quieran ponerles. Y sin trabajo es imposible consumir, comprar una vivienda y mucho menos ahorrar, requisitos todos ellos necesarios para considerarse miembro en el más amplio sentido de las clases medias. Sin un trabajo meridianamente estable es imposible construir un proyecto vital. No, desde luego, en términos económicos. Sin trabajo, se consumen las opciones para planificar y decidir, la libertad de una persona se restringe extraordinariamente.

Cabe preguntarse qué mal puede aquejar a España, qué virus al que parecen inmunes otras economías desarrolladas, sufre la nuestra. Cualquiera diría que padecemos alguna suerte de maldición bíblica porque, ni en los episodios de crecimiento más pujante de nuestra historia reciente, hemos logrado conjurar por completo la lacra del paro. Y, sin embargo, solo hay que bajar a pie de calle para darse de bruces con las causas, que no son, ni de lejos, como algunos quieren hacernos ver, los empresarios. Aunque alguno habrá, los viles explotadores de seres humanos pasaron, por fortuna, a la historia. De los sinvergüenzas que puedan quedar, que haberlos hay en todas partes, ya se ocupa la inspección de Trabajo y, como en cualquier Estado de derecho, los tribunales.

Los poderes públicos fijan las reglas del juego y gestionan el marco de relaciones laborales, los jueces vigilan su cumplimiento. Los emprendedores crean y los empresarios son los emprendedores que han triunfado, porque logran hacer viable su idea y generar empleo. Una empresa es un proyecto colectivo en el que cada cual, por supuesto los trabajadores también, aporta lo que le corresponde en función de sus responsabilidades. No es la gallina de los huevos de oro a la que asaltar a poco que se descuide, ni un objetivo a abatir. Parece obvio, pero hemos alcanzado tal grado de ignorancia o contaminación ideológica que nunca está de más recordarlo. Todo aquel que pone en marcha un negocio y que, como es natural, pretende hacerlo prosperar, aun poniéndonos en el caso de que quisiera hacerlo únicamente en su propio beneficio, tendrá que hacerlo contando con un número ascendente de empleados. Cada nuevo contrato es un éxito que anotar en una historia de prosperidad. Ganamos todos. Por eso es vital cuidar y estimular el crecimiento de las empresas. Y, sin embargo, cuantos más contratos hacen, más sospechosas aparecen ante los ojos de algunos ministros del Gobierno de Pedro Sánchez, entre ellos la titular de Trabajo y de buena parte del parlamento.

Poco antes de que el covid partiera en dos nuestras vidas, tuve la inmensa suerte de trabajar en uno de los proyectos más interesantes y gratificantes que me han tocado en gracia a lo largo de mi carrera. La consultora KPMG y la editora Prensa Ibérica me encargaron el tercer volumen de la serie *Los que dejan huella*, una sucesión de 40 entrevistas con presidentes de empresas familiares con los que conversé acerca de la actualidad económica o política, del germen y gestión de sus empresas o de sus preocupaciones y expectativas. Semana a semana, a lo largo de un año entero, recorrí prácticamente todas las comunidades autónomas. Descubrí otro país, uno que no sale en los informativos, uno mucho más rico, en todos los sentidos, del que conocía hasta ese momento. Ellos y sus equipos, cada cual en sus funciones, eran los responsables, poco o nada debían a ningún Gobierno. Cuando, una vez hechos los capítulos, me pidieron que redactara un breve prólogo con una reflexión personal, no dudé un segundo al elegir el título, tomé prestada la frase de uno de los entrevistados: «Los que han hecho España». Las empresas constituyen una pieza insustituible de la sociedad civil. Sin la suma de esos millones de iniciativas, que vertebran y engrandecen un país, no seríamos hoy lo que somos.

Que nadie se llame a engaño, los empresarios no son hermanitas de la caridad ni seres beatíficos que han venido a este mundo a resolvernos la vida. Eran tipos observadores, muy inteligentes, con valor, con mucha hambre de crear y de prosperar, que habían salido muchos magullados de la crisis de 2008, pero resistieron y salvaron la empresa que llevaba su apellido. Algunas eran grandes, con cientos de empleados, con marcas en su cartera reconocidas por el gran público. Otras no pasaban de ser una pequeña pyme. Pero unos y otros, cuando les pedía que me hablaran de los peores meses de la recesión, recurrían invariablemente al mismo momento: el día en que tuvieron que enfrentarse al drama de decidir qué hacer con la plantilla. Para buena parte de ellos, no eran números. Eran, sobre todo, familias que estaban bajo su responsabilidad, más de una durante varias generaciones. Familias que trabajaron antes con sus padres y abuelos y habían confiado después en ellos. Algunos pudieron cerrar acuerdos con los comités de empresa para recortar salarios, aunque legalmente no fuera factible cuando tomaron esa decisión y hubieron de echarle imaginación para sortear la normativa. Otros optaron por probar suerte intentando abrir nuevos mercados para colocar su producto y evitarse el trago de sacrificar a alguien. Y otros tantos tuvieron que prescindir de una parte de su fuerza laboral, porque pensaron que solo de ese modo lograrían salvar la empresa y a los empleados que permanecieran en ella. Todos, invariablemente, se quejaban de la rigidez del mercado laboral. No ha cambiado significativamente desde entonces. Se ha hecho únicamente lo estrictamente necesario para contentar a los acreedores y sortear la crisis, para qué arriesgar más.

Muchas de nuestras multinacionales son líderes en sus áreas de actividad a escala mundial. El buen hacer de nuestros profesionales y empresas grandes, pero también medianas, les ha asegurado renombre y nichos de mercado estables en países tanto o más competitivos que el nuestro. No somos tan inútiles como pueda habernos hecho creer la leyenda negra, no deberíamos ser incapaces de llegar al pleno empleo, que en nada tiene que ver con una tasa de paro que supera el 10% por mucho voluntarismo que le pongan los responsables de la política económica. Aunque las reformas laborales de 2011 y 2019 han removido obstáculos para favorecer la creación de puestos de trabajo a poco que suba el PIB o para salvaguardar los empleos en activo cuando vienen mal dadas, aún quedan demasiadas trabas por remover. Incluso, algunas de nuevo cuño. No solo para sostener lo que ya hay, que cada día que pasa se pone más difícil, porque, entre otras razones, es muchísimo más caro, sino, sobre todo, para generar las condiciones que faciliten el nacimiento de nuevas empresas de nivel tecnológico intermedio o avanzado que puedan crear nuevas ocupaciones de medio y alto valor añadido. Aunque después habrá que encontrar a los empleados capacitados para formar parte de sus plantillas, que ese es otro hándicap añadido.

En todo caso, el coste de emprender no solo económico, sino también reputacional y la inseguridad, es tan alto que hay que echarle mucho valor para levantar un proyecto. La estabilidad y la certidumbre acerca de las reglas del juego no tendrían por qué ser una gracia sobrevenida en una democracia digna de tal nombre. Y, sin embargo, es una necesidad acuciante. Las amenazas permanentes de nuevas regulaciones, las prohibiciones tácitas y expresas y las imposiciones de un sinfín de gravámenes, tasas o impuestos, la creciente y alarmante injerencia del poder político en el tejido productivo, la inseguridad jurídica, en definitiva, retraen la inversión, amedrentan al ahorro, disuaden al más valiente. Afortunadamente, aún resiste alguno.

La mayoría de los empresarios con los que me entrevisté coincidían al citar razones que impiden a una empresa crecer y crear empleo. Son de sobra conocidas: esa inseguridad jurídica que ha ido a más en los últimos años, con la Moncloa entrando a codazos en los accionariados del Ibex, o una burocracia excesiva que ralentiza los proyectos y unos juzgados de lo mercantil escasos de efectivos y sobrecargados de expedientes que pueden llegar a alargar hasta la quiebra cualquier pleito. Pero si había un recuerdo que les ponía los pelos de punta, ese era el del momento en el que contrataron al empleado número cincuenta. En vez de ser un guarismo redondo que celebrar, el salto de una barrera psicológica, la transformación de una pyme en una compañía de cierta consideración, es el momento en el que todo el peso de la Administración les cae encima: papeleo inacabable, necesidad de crear nuevas estructuras y departamentos para gestionarlo, auditorías de igualdad o balances exhaustivos y retroactivos, inspecciones o multiplicación de costes. El Banco Mundial calcula que el 11% del tiempo de trabajo en las empresas con más de 50 empleados en España se dedica a resolver problemas regulatorios. ¡Nada menos! Y no contó con una obligación más: el empleado número cincuenta abre la puerta a la formación del comité de empresa, es decir, a que cinco personas, en horas que tendrían que ser de trabajo y como tales se pagan, se dediquen a labores sindicales. En el mejor de los casos, generan un gasto adicional y alargan los procesos. En el peor, enrarecen el clima corporativo: la litigiosidad laboral, que en nuestro país se dispara al 15% de los conflictos laborales, no llega en otros estados desarrollados de la OCDE a una media del seis.

Un peso a todas luces excesivo que explica la anómala estructura de nuestro tejido productivo. Esa es una de las más poderosas razones por las que, en una de las economías más desarrolladas del mundo, más del 95% de sus empresas son pymes y micropymes. Y es indudable que eso tiene consecuencias. Por su propio tamaño y volumen de actividad, disponen de un músculo financiero muy ajustado para poder innovar, aventurarse en nuevos negocios y, por tanto, crecer y seguir creando puestos de trabajo. O elevando los salarios. Es decir, generar riqueza. Echando la vista atrás, más de uno de aquellos empresarios me reconoció en privado que, antes de contratar al empleado cincuenta, de haber sabido todo lo que se le venía encima se hubiera planteado seriamente la alternativa de pagar horas extras a la plantilla o subcontratar algunas tareas.

De aquellas conversaciones, si algo me sorprendió es que pocos o ninguno se quejara de los impuestos. Era lo que había, se pagaba lo que hubiera que pagar cuando había que pagarlo. Y punto. Aunque no tuve esa percepción, es posible que disimularan, que no quisieran enemistarse con los gobernantes de turno. La amenaza y la injerencia política, local, autonómica o nacional, es un elemento de perturbación nada desdeñable. Dudo que hoy me dijeran lo mismo, no solo porque el gravamen sobre el beneficio empresarial no ha dejado de subir en dos décadas, no solo porque se han creado un sinfín de nuevos tributos sobre los beneficios e incluso los ingresos, sino, sobre todo, porque tras la reforma del sistema de pensiones de José Luis Escrivá, los costes laborales se han disparado hasta alcanzar límites que para muchas empresas resultan insostenibles.

Entre las denominadas contingencias comunes, aportación al desempleo, Formación Profesional, Fondo de Garantía

Salarial y mecanismo de solidaridad, las cargas sociales en España rondan el 37%. El coste real de cada contrato para una empresa prácticamente dobla el salario que recibe el empleado. Lo que no llega al bolsillo del que lo gana, que cada día se siente más pobre y por eso se lo dice al CIS, se lo reparten entre la Seguridad Social y Hacienda. Un trabajador que cobra unos 19.000 euros netos al año le cuesta a su empresa prácticamente el doble, cerca de 37.000. ¿Dónde va ese dinero, la diferencia entre una y otra cifra? La parte del león en cotizaciones sociales, es decir, en pagar las pensiones que muchos de los que hoy trabajan ni esperan cobrar cuando se jubilen, a pesar de que estén generando ese derecho. De cada diez euros de cotización, la empresa ingresa en las arcas de la Seguridad Social entre ocho y nueve. El resto se lo retrae al empleado para mandarlo a la misma caja. En concepto de impuesto sobre la renta, detraído directamente de lo que le corresponde al asalariado, habrá que quitar, redondeando al alza, otros 5 000 euros. El empleo cada vez cuesta más, pero el empleado no cobra más. Con suerte, lo mismo. Si acaso, incluso menos. En un contexto inflacionista como el que hemos vivido en los últimos seis años, su poder de compra ha caído sustancialmente. Sienten que son más pobres porque realmente lo son.

«Hasta 2008, existía cierto equilibrio entre los que cotizaban y los que percibían una pensión, se había establecido un sistema de redistribución de rentas entre las clases medias trabajadoras que aportaban y los jubilados que recibían. Siempre, invariablemente, en favor del pensionista, porque nadie ha cotizado a lo largo de su vida la pensión que cobra en este momento. Pero ese equilibrio se rompe tras la crisis —me explica el expresidente del Colegio de Economistas de Madrid, Juan Iranzo—. Y no se ha corregido, porque para hacerlo tendrían que haberse elevado los salarios. Pero los salarios solo pueden subir si lo hace también la productividad, si cada trabajador genera más valor para la empresa. Y eso no ha ocurrido. Si la mano de obra empieza a escasear y, sin embargo, los salarios no están subiendo es porque la productividad no lo ha hecho».

Hemos entrado en una espiral destructora de valor que no conduce a ningún puerto seguro. Han subido sustancialmente las cotizaciones para pagar las pensiones, representan cerca del 25% de los costes laborales, y, sin embargo, Iranzo está convencido de que «el empleo y los salarios hubieran subido más de lo que lo han hecho si esas cotizaciones no se hubieran elevado, lo que hubiera redundado, al fin y a la postre, en más ingresos por cotizaciones a la Seguridad Social. Ahora, la consecuencia de esa política es que las empresas tienen que soportar costes más altos, costes que no pueden trasladar en toda su extensión a los precios que cobran por sus servicios o productos, porque si lo hicieran perderían competitividad y, por tanto, cuota de mercado. Su margen de ganancia se está estrechando hasta límites insoportables». Y por ende su capacidad para elevar salarios. Y vuelta a empezar.

Solo en cotizaciones sociales, el Instituto de Estudios Económicos calcula que la carga en España es un 34% superior a la media de la Unión Europea. Si fabricar una unidad de producto aquí sale más caro que en cualquier nación vecina, la capacidad de los españoles para ofrecer precios mucho más atractivos es más limitada. O trasladan sus fábricas a otros países —y no hay más que ver cómo está floreciendo la otra orilla del Mediterráneo— o acaban perdiendo ventas, cuota de mercado y beneficios. «Tendríamos que competir con valor añadido y con tecnología —piensa Juan Iranzo—, pero eso no lo tenemos».

Es lo que el Banco Mundial echa de menos: valor añadido. En un informe publicado en mayo de 2025, colocaba a nuestros trabajadores entre los más productivos en términos de cantidad, en unidades de producto fabricadas para vender. Sin embargo, esa misma productividad falla si se mide en términos de eficiencia. El autor de ese estudio, el director del Grupo de Indicadores, Norman Loayza, se queja de la escasa innovación de nuestras empresas. Y culpa, en parte, a los excesivos costes administrativos y fiscales que soportan y a las obligaciones que las limitan. Esa escasez de negocios innovadores provoca, a su vez, una carencia de empleos de alta remuneración. Tampoco es que haya gente suficiente para cubrirlos, porque o no los están formando en las universidades o, cuando lo hacen, encuentran mejores oportunidades de desarrollo profesional y salarios más altos fuera de nuestras fronteras.

Las empresas españolas no pueden pagarlos porque les salen cada día más caros. El peso de las cotizaciones de los trabajadores con perfil cualificado ha subido de tal modo con la reforma Escrivá que, aunque lleguen a cobrar la pensión máxima en el momento de su jubilación, nunca alcanzarán la que proporcionalmente les hubiera correspondido. Y para colmo las llamadas cuotas de solidaridad, que no son más que incrementos adicionales de cotización, no computarán, sin embargo, a la hora de recibir. La pensión más alta tiene un tope. No habrá correspondencia cuando se jubilen. Otro equilibrio roto y un obstáculo adicional para retener el talento. Gastamos miles de millones en universidades, invertimos mucho dinero en formar a esos recursos humanos y cuando pueden empezar a aportar, muchos salen corriendo.

El equipaje que soportan trabajador y, sobre todo, empresario para sostener el Estado, no solo el de bienestar, es cada vez más gravoso. Y sin contrapartida. Los márgenes son cada vez más justos. Y una empresa que no tiene ganancias no innova ni introduce avances tecnológicos. Una empresa que se limita a intentar sobrevivir no crece. Una empresa que apenas puede crecer, más que de forma vegetativa, ni sube salarios ni hace contratos. Por esa razón no llegamos al pleno empleo. Pero, al igual que hicieran sus predecesores, más que ellos si cabe, Pedro Sánchez ha optado por blindar a los pensionistas, subiéndoles año a año el IPC, a costa de los que pagan esas prestaciones, encareciendo sobremanera uno de los bienes más raros y escasos de nuestra economía: el empleo. Haciendo oídos sordos a esa percepción de que el país va derecho a sufrir un fallo multiorgánico, el *sheriff* de Nottingham disfrazado de Robin Hood seguirá usando a los empresarios como sus particulares recaudadores de impuestos. Aunque haya que admitir que en esta aventura no es pionero, porque fue el ministro de Hacienda de Mariano Rajoy, Cristóbal Montoro, el primero que nos propinó los primeros de sablazos fiscales, sirviéndose del mismo eufemismo, los recargos temporales de solidaridad que se han convertido en permanentes.

Todos perdemos. Roto el equilibrio entre lo que se aporta a la caja común y lo que queda en el bolsillo, el efecto disuasorio sobre la actividad es obvio. Nadie quiere echar más horas solo para que se lo lleve Hacienda. Permanece el empleo que compite por costes, es decir, los salarios más bajos, con menos capacidad de compra. Esa fue nuestra ventaja competitiva para atraer a nuestro territorio las factorías del automóvil cuando accedimos a la Unión Europea. La misma que ahora están empleando los países al otro lado del Mediterráneo. Hoy, nuestra ventaja es el conocimiento, pero, al igual que en el sistema educativo, en vez de estimular la excelencia se ha optado por redistribuir una creciente miseria. El adelgazamiento de las clases medias, el empobrecimiento de la sociedad es el resultado de esa apuesta.

Se dirá que no había alternativa para sostener el nivel de vida de los más débiles de la sociedad, los pensionistas. Nada más lejos de la realidad. La alternativa es un país que cree riqueza, en vez de limitarse a detraer para las arcas públicas todo lo que puede o tiene a mano, y distribuir a conveniencia política o partidista lo que quede. La alternativa es, sobre la base del respeto a los derechos de los trabajadores, soltar los corsés que oprimen a las empresas hasta la asfixia para que puedan crecer, es favorecer o remover las trabas al nacimiento de nuevas industrias con capacidad de dar al país un salto tecnológico y en competitividad. La alternativa es, si no queremos competir a la baja en costes laborales, hacerlo ofreciendo a los mercados bienes y servicios de alto valor añadido que puedan alcanzar precios más elevados. Solo así podrán subir los salarios y, por ende, lo harán los ingresos de la Seguridad Social. Esos sueldos, sustentados en un crecimiento cuantitativo y cualitativo del producto, y no inflados artificialmente con decretos de subidas del SMI para que la ministra de Trabajo se cuelgue medallas, suponen la única garantía para sostener en el tiempo el creciente gasto en jubilaciones que amenaza con estrangular la economía. El resto será pan para hoy, pero hambre para mañana.

Ruleta rusa

Joe Biden ha sido el primer presidente de los Estados Unidos que ha cumplido 80 años en la Casa Blanca. A pesar de que el debate acerca de su edad y su capacidad para tomar decisiones acabó por malograr su candidatura en plena campaña, su sucesor no es mucho más joven. Donald Trump, si bien parece gozar de un aspecto más saludable, ha alcanzado la reelección con 79. También ha hecho historia, entre otras cosas porque ha sido el político más longevo que ha jurado ese cargo. Se puede llevar las riendas de un país, la primera potencia mundial, pasados los 65. En España, con esa edad, ambos llevarían diez años jubilados, como mínimo. En nuestro país, el presidente más joven, en democracia, ha sido Felipe González. Llegó con 40 años a la Moncloa, en 1982. Adolfo Suárez, Aznar o Sánchez estaban también en la cuarentena. Calvo Sotelo inauguró su presidencia con 50 y Mariano Rajoy, hasta ahora el más longevo, con 56. Si Alberto Núñez Feijóo logra el respaldo del Parlamento para convertirse en presidente en el futuro, batirá otro récord, puesto que juraría el cargo con más de 60 cumplidos.

En Estados Unidos, la experiencia es un grado que la sociedad valora y reconoce. En la televisión, sin ir más lejos, la madurez que transmiten las canas aporta credibilidad a los espectadores. Aunque con una larga trayectoria como reportero y corresponsal de guerra a sus espaldas, Walter Cronkite, el periodista que dio a sus compatriotas y al mundo la noticia de la muerte de JFK, no se sentó diariamente frente a las cámaras hasta pasados los 50. Durante dos décadas, al frente de *CBS Evening News* como director y presentador, fue la cara de las noticias, reconocido como el hombre más confiable de su país. Allí, la edad media de los presentadores de informativos oscila entre los 40 y los 60 años. En España, ronda los 40 entre los hombres. Pero, entre las mujeres, baja a los 36. A diferencia de lo que ocurre en nuestro país, en las economías más libres se reconoce el valor que aporta la experiencia. Carlos Slim, el magnate mexicano de las telecomunicaciones, asegura que «en una sociedad del conocimiento posindustrial, a los 65 años uno está en su plenitud, en su mejor momento profesional». 54 años es la edad media de los asistentes al Foro de Davos. El coronel Harland Sanders tenía 65 cuando creó KFC y Ray Kroc fundó McDonald's con 52. Entre los 55 y los 57, según la fuente de información, John Pemberton creó la fórmula de Coca-Cola.

Los estadounidenses premian la veteranía, no la penalizan, o acaso muestran menos prejuicios ante la edad que los españoles, aunque, curiosamente, la suya sea una sociedad mucho más joven que la nuestra. En Norteamérica, la edad media de la población, según la Oficina del Censo, no llega a los 39 años. En España, ronda los 46, calcula el INE. Hace menos de un siglo, a mediados del xx, no llegaba a los 28. Nuestra sociedad ha envejecido muy rápidamente. Y el proceso no ha concluido. La OCDE calcula que en 2050 seremos la nación más envejecida del mundo.

Las causas que justifican esa evolución son harto conocidas. Por un lado, una baja tasa de natalidad, que en buena medida, dejando al margen factores culturales que afectan en mayor o menor medida a todas las sociedades desarrolladas en las que la mujer ha accedido plenamente al empleo, puede explicarse también por la tardía incorporación de los jóvenes al mercado laboral y sus ajustadísimos salarios. Por otro, un alargamiento de las vidas, con mejor calidad que la de las generaciones que nos precedieron. En 1920, la esperanza de vida en España era solo de 40 años. Un siglo después, ya supera los 80, se ha doblado. Sin duda, un hito digno de celebración. Y se nos ha atragantado.

La revolución es un hecho y las estructuras económicas y sociales, que debieran haberse transformado para adaptarse a esa nueva realidad, van a la rastra de los acontecimientos, se mueven con excesiva lentitud, aun en contra de las acuciantes necesidades y apremios de las cuentas públicas. Lejos de ser un baldón que puede estrangular el crecimiento de un país, que es lo que trae de cabeza desde hace años a los que gestionan la Seguridad Social y la hacienda pública, es también y sobre todo una fabulosa oportunidad para estirar el ejercicio profesional o desarrollar una segunda carrera laboral con la que se puede seguir aportando y creciendo. En la medida en que los candidatos a jubilarse lo deseen y en el caso, que se antoja mucho más difícil, de que las empresas cuenten con ellos y de que la ley se lo permita. Hasta hace muy poco, las rígidas estructuras que gobiernan nuestras vidas hacían que fuera casi misión imposible.

Han tardado los responsables públicos en darse por enterados, pero hace ya una década, un pequeño colectivo, el de los escritores, muchos de ellos profesores universitarios, alzó la voz para denunciar las incongruencias entre los códigos que rigen la vida real del siglo XXI y el inflexible y caduco sistema de jubilación nacido y anclado en el XX. Al convertirse en jubilados, llegada la edad oficial, observaron alarmados que la Seguridad Social les penalizaba con la prestación mínima pese a tener derecho en muchos casos a una prestación mucho más elevada. Les clasificaban como activos o, en el mejor de los casos, jubilados solo a tiempo parcial, porque seguían generando ingresos, los procedentes del cobro de los derechos de autor de sus obras publicadas. Por mera ceguera política o administrativa, al darse de alta como pensionistas, fueran cuales fueren los derechos generados por sus cotizaciones al sistema, sus prestaciones caían en picado. Salvo que decidieran renunciar a percibir los derechos económicos derivados de sus obras, una palmaria injusticia, y salvo que, por supuesto, abdicaran de dedicarse a cualquier suerte de actividad académica remunerada o a publicar un solo libro más, a menos que lo hicieran de forma altruista.

Todos sus cálculos y previsiones para asegurar un retiro confortable saltaron por los aires, se venían abajo. Élites intelectuales, procedentes de una más o menos acomodada clase media, más de uno se enfrentaba horrorizado a un futuro de auténtica miseria si no disponía de ahorros suficientes o de generosos derechos de autor para complementar la pensión. Afortunadamente, algunos diputados, como la también escritora Marta Rivera de la Cruz, se emplearon a fondo para deshacer el entuerto y lo lograron haciendo compatible el retiro con una actividad parcial que seguía generando ingresos para ellos mismos, pero también para las arcas públicas. El problema de los escritores era una anécdota a pie de página, pero resultó ser útil, porque puso el dedo sobre la llaga de una inmensa deficiencia. A los 67 años, la edad legal de jubilación en 2025, se puede ser pensionista. Pero hay profesionales —si bien, por lo que podríamos deducir de las altas, no la gran mayoría— que aspiran a ser mediopensionistas o, incluso, mantenerse activos. Prefieren seguir aportando al sistema antes que ser sus beneficiarios.

La fuerza de esa nueva generación de *seniors*, que el abogado Antonio Huertas y el doctor en Economía y director de Deusto Business Iñaki Ortega denominan generación de las canas, que otros han calificado como generación *silver* o *greynes* y en Reino Unido han llamado generación U o *unretired*, es formidable. Pueden sumar antes que restar, como muchos, en contra de sus deseos, se han visto obligados a hacer. Ellos dicen que esa transformación es una de las tendencias actuales más influyentes del momento que vivimos, según Naciones Unidas y el Foro de Davos. Si cada año que pasa, ganamos entre dos y medio y tres meses de vida, Ortega y Huertas piensan que «podemos hablar sin equivocarnos de un cambio demográfico, de una nueva vida para el ser humano». Dado que viviremos más y también lo haremos con una calidad más alta, «se abren oportunidades, también económicas, en esta nueva etapa vital que antes despreciábamos con el calificativo de tercera edad». En su libro *La revolución de las canas*, citan a José Antonio Herce, uno de los economistas que mejor conoce el sistema de pensiones español. Él calcula que si un país acierta a gestionar adecuadamente esa profunda transformación que ha experimentado la sociedad puede generar el mismo efecto, en términos de creación de riqueza, que un *babyboom*. Equivale al nacimiento de una nueva generación, sin el coste que acarrea criar, enseñar y esperar a que esa nueva generación se incorpore al mercado laboral, porque ya forma parte de él.

Si nuestra costosa maraña de subsidios públicos y el sistema de pensiones suponen un lastre para el presupuesto, la lógica sugiere que aliviar su carga es un imperativo económico, cuando no ético. Al menos, habríamos de introducir dosis de libertad suficiente para que cada cual diseñe a su manera su porvenir. Sin embargo, la cultura social y la de las empresas va por otros derroteros. Y la política tarda en darse por enterada. El sistema se creó para sostener una supervivencia de cinco años de media tras el retiro laboral y ese tiempo se ha triplicado. Por eso estallan las costuras. Pero por el interés de mantener a la amplísima y variada clientela de votantes, por temor a resentir derechos o por pura incapacidad o necedad, hay estructuras que por más que estén pidiendo a gritos desde hace décadas una profundísima reforma parecen intocables. Se van haciendo los ajustes imprescindibles cuando no queda de otra. Y punto.

La explicación ante esa parálisis hay que buscarla en las urnas. Uno de cada tres votantes en nuestro país tiene más de 60 años. No suelen fallar cuando se les convoca al colegio electoral, algo que no puede asegurarse de los más jóvenes. Y los políticos pueden arriesgar en muchos ámbitos, pero no lo harán si creen que ponen en entredicho un solo voto, a menos que las circunstancias les fuercen a ello. El modelo de pensiones que, junto a los intereses de la deuda pública, es una de las partidas que más recursos se come del presupuesto, no se toca, por más que amenace con asfixiarnos. Saben de su más que precario equilibrio, los informes que apuntan a que el gasto puede alcanzar hasta el 18% del PIB en poco más de una década son sólidos y públicos pero, como en el juego de la ruleta rusa, giran el tambor del revolver, cierran los ojos y antes de apretar el gatillo, esperan que la bala alojada en él le toque al siguiente. Ya nos hemos asomado en una ocasión al borde del abismo, pero debemos haber olvidado lo que aprendimos de aquella experiencia.

En 1996, cuando José María Aznar llegó al Gobierno, tuvo que pedir un préstamo a la banca para pagar la nómina de las pensiones. Con un paro que alcanzaba al 23% de la población activa, las cotizaciones que ingresaba la Seguridad Social no daban para pagar una nómina mensual que rozaba los siete mil millones. Tres años después, las cuentas arrojaban superávit. Las pensiones no se habían recortado. Sin embargo, la tasa de paro había caído por debajo del 16%. El crecimiento del empleo, consecuencia de una bonanza económica fruto de las políticas liberalizadoras y de contención del gasto, salvó al sistema de la quiebra.

Hasta que apareció en escena la Gran Recesión que, por más que se lo advirtieran, José Luis Rodríguez Zapatero prefirió no ver. Con unas finanzas públicas saneadas, el desempleo en mínimos históricos y una economía en ebullición, el segundo presidente socialista de la democracia decidió que había llegado el momento de gastar lo que fuera y en lo que fuera, sobre todo si podía generarle un rendimiento electoral. Repartió a los ayuntamientos, creó efímeros cheques bebé y se empleó a fondo en subir sustancialmente las pensiones más bajas. Ciertamente, las no contributivas y de viudedad eran realmente miserables, por lo que su iniciativa fue ampliamente elogiada. Pero encarnaba y encarna riesgos en términos éticos y contables que nadie osó o quiso cuestionar. Abrió una brecha que ha seguido agrandándose y que puede acarrear en el futuro consecuencias aún difíciles de calibrar. En primer lugar, porque eleva sustancialmente el gasto en pensiones en general. Hasta el punto de que ha forzado a sus sucesores en el Gobierno a cargar contra los presupuestos generales del Estado las facturas. Y, en segundo lugar, porque rompe en pedazos el principio de justicia sobre el que se sustenta el modelo. Cotizas para pagar las pensiones de hoy porque esperas que paguen la tuya mañana y contribuyes más para recibir más. Si tu pensión del futuro está en entredicho y si todos reciben una prestación similar, los incentivos para ganar más y cotizar más van desapareciendo. El coste de oportunidad para saltar a la economía sumergida es cada vez más bajo. A nadie parecía preocuparle por aquel entonces. Ni ahora.

Esa alegría con la que el presidente decidió gastar el dinero público se frenó en seco en 2010. Más bien, lo frenaron. Con el país al borde de la quiebra, con el euro a punto de partirse en dos, consecuencia de la desconfianza mundial en la deriva económica de España, Zapatero se vio forzado a congelar las pensiones y alargar progresivamente la edad de jubilación, hasta los 67 años. Y lo hizo sin el respaldo del Partido Popular, que, corto de miras y apremiado por sus urgencias electorales, temía por aquel entonces poner en riesgo apoyándolo su anunciada victoria. Sin embargo, viviendo como vivíamos, de prestado, tampoco Mariano Rajoy pudo zafarse de sus obligaciones una vez llegó al Gobierno. Nuestros acreedores, los socios europeos, no estaban dispuestos a financiar un sistema que trataba con mucha más generosidad a los españoles que a sus propios conciudadanos. En nuestro país, la que se denomina tasa de sustitución, el porcentaje del último salario que se cobra al darse de alta como pensionista, rondaba el 80%. Cierto es que nuestros salarios son mucho más bajos, pero en Alemania la pensión pública no llega al 50. Y en Dinamarca, aunque se complementa con otras fuentes de ingresos, apenas pasaba del 30.

Se resistió a seguir retrasando la edad de jubilación por intentar aparentar coherencia con la decisión que tomó cuando estaba en la oposición, pero el Gobierno de Mariano Rajoy tuvo que intentar contener la sangría de gasto diseñando un nuevo modelo de revalorización de las pensiones. Era ininteligible para el gran público, con ecuaciones de corrección a futuro. En la práctica, en la nómina, que es lo que cada beneficiario ve a fin de mes, condenaba a los jubilados a percibir una mínima subida cada año de apenas un cuarto de punto. Entonces, con la inflación a raya, fruto del contexto de recesión que atravesábamos, más o menos podía permitírselo en términos políticos. Los pensionistas apenas perdían poder adquisitivo porque los precios de los productos incluso bajaban. Pero, a poco que la economía comenzó a despertar, disipado el fantasma de la quiebra del país que nos tuvo atenazados durante meses, la protesta estimulada desde las emergentes formaciones políticas de ultraizquierda enardeció las calles, hasta el punto de que, presionado por el PNV, que temía una sangría electoral a raíz de las manifestaciones semanales de los pensionistas vascos, jaleadas desde el entorno de Batasuna, acabó por ceder.

En sus últimos presupuestos, Mariano Rajoy actualizó las pensiones subiéndolas en la misma medida que la inflación. Y, tras desalojarle de la Moncloa, Pedro Sánchez convirtió la indexación al IPC en ley. No se toca a los pensionistas. Si alguien tiene que pagar el encarecimiento del sistema propiciado por el desembarco de la extensísima generación *babyboom*, ya lo harán las empresas y los trabajadores. La subida de cotizaciones paga la fiesta populista. La balanza se desequilibra más de lo que lo estaba ya. Hasta que dure. Ya tendrá que ocuparse el que venga después.

En junio de 2025, los ingresos medios de un pensionista, fuera o no contributiva la prestación, alcanzaban los 1 300 euros al mes. Las prestaciones más bajas subieron un 6%. El resto, la mitad, algo menos de un tres. Si tomamos como referencia el baremo de la OCDE, que establece que las clases medias deben percibir unas rentas mensuales de entre 1 343 y 3 581 euros, los pensionistas españoles están a las puertas de esa clase media. Ahora bien, si cerramos el foco sobre los jubilados, que son la inmensa mayoría, dos tercios, seis millones de personas, sí alcanzarían ese estatus, puesto que la pensión media de jubilación supera los 1 500 euros y se acerca a 1 700 si proceden del Régimen General.

En junio de 2025, la Seguridad Social ha desembolsado cerca de 27 mil millones de euros en concepto de nómina de pensiones, entre contributivas y no contributivas. Multiplicado por catorce pagas, ronda los 380 mil millones al año. El gasto mensual crece en torno al triple de lo que lo hace la economía, porque las de los que se incorporan al sistema son más altas y el peso de esa gravosa partida ya ronda el 13% del producto interior bruto, cinco puntos por encima de la media en los países desarrollados. Y subiendo. Como también lo hace el número de perceptores de estas rentas pasivas, que crece a un porcentaje superior a los dos dígitos y rebasa ya los nueve millones. El número de nuevas altas de pensionistas se ha elevado en el último ejercicio un 11%, frente al 4% de 2019.

A largo plazo, el modelo es inviable, salvo que la actividad económica y los salarios crezcan de forma muy robusta y al unísono para sostenerlo. A corto plazo, hay que admitir que esas transferencias de rentas han evitado el colapso social. En los meses más duros de la Gran Recesión, cuando el paro alcanzó a cerca del 24% de los activos en 2014, los pensionistas sostuvieron durante un tiempo prolongado a familias enteras, hijos y nietos. Rondando los seis millones de parados, blindar la pensión evitaba, muy probablemente, un violento estallido en las calles. Durante esos años, el modelo demostró su condición de pilar insustituible del estado del bienestar. Pero esa decisión política que tendría que haber sido meramente coyuntural ha acabado por poner en jaque el futuro, porque rompió el equilibrio entre perceptores de rentas y cotizantes, en detrimento, principalmente, de los jóvenes. Diez años después, aún no se ha corregido, a pesar del recurrente reclamo de todas las instituciones independientes. Esa es una de las razones que explica la extrema dificultad que tienen los que acceden de nuevas al mercado laboral para permanecer en las clases medias de las que procedían por nacimiento o para acceder a ellas por formación o mérito.

Desde que se estrenó en el cargo, Pablo Hernández de Cos, gobernador del Banco de España hasta 2024, expresó en múltiples ocasiones su preocupación por la sostenibilidad del sistema de pensiones antes de dejar la institución en manos de quien precisamente ha hecho la última reforma, José Luis Escrivá —no parece casual ese nombramiento si de lo que se trata es de evitar alarmar a la población velando u ocultando la cruda realidad—. Durante su mandato, con la sobriedad que le caracteriza, Hernández de Cos no dejó de exigir a la clase política un pacto de rentas que equilibrara cargas y beneficios de salarios y prestaciones. Si bien esa demanda ha caído en saco roto, sí se ha tratado de favorecer, aunque de forma muy cicatera, la permanencia voluntaria de los trabajadores en el mercado laboral más allá de la edad legal de jubilación, derribando tabúes y haciendo añicos algunas de las conquistas sociales que los sindicatos celebraron en su día y que hoy, cuando desaparecen, acatan sin rechistar.

Durante muchos años, las empresas, deseando rejuvenecer plantillas y aligerar la pesada partida de gastos de personal, han empujado hacia la salida a los más mayores, entre otras cosas porque son los que cobran salarios más elevados. Los representantes de los trabajadores lo exigían y firmaban en los convenios colectivos y expedientes de regulación de empleo. La banca ha prejubilado a miles y miles de personas tras cada oleada de fusiones y reestructuraciones. Otro tanto han hecho muchas multinacionales del Ibex a las que incluso les rentaba más complementar cada mes la cotización a la Seguridad Social de los prejubilados que pagarles un sueldo. En ese momento, la legislación no permitía alternativas, era trabajar o jubilarse, blanco o negro. La zona de grises no existía. Ahora, tras la reforma Escrivá, fijar fechas anticipadas de prejubilación obligatorias en los nuevos convenios que se firman en empresas privadas está terminantemente prohibido. Permanecen, en todo caso, obstáculos por remover. Económicos, porque no se incentiva ni siquiera fiscalmente el empleo de los *seniors*. Culturales, también, porque si ya es difícil que una persona con más de 50 entre en un proceso de selección de personal, es un logro que pase la entrevista, salvo que sea de alta dirección. Perviven aún demasiados prejuicios.

En la Administración Pública, la vida va por otros derroteros. Los representantes sindicales tienen un peso más elevado que en la empresa privada y rigen aún las reglas del siglo pasado. A estas alturas, en algunos ámbitos de actividad, a los funcionarios que se retiran antes de llegar a la edad legal incluso todavía les premian con un cheque al portador. En muchos casos, aunque no en la mayoría, puede estar justificado. No se trata de exigir la permanencia en el mercado laboral más allá de lo recomendable de los que se emplean en las profesiones más penosas o con un plus de peligrosidad, tampoco de los que requieren de las facultades físicas de un joven en la treintena para cumplir con sus obligaciones laborales, pero sí son muchos los que se sienten en plenas facultades, mentales y a menudo también físicas, y desean seguir en activo. Y hasta hace muy poco, la gran mayoría condenada a convertirse en clase pasiva, a cobrar la pensión mes a mes, cuando lo que deseaba es seguir ganando un sueldo. En todas las circunstancias, mucho más elevado que la prestación que recibe de la Seguridad Social, por muy generosa que pueda llegar a ser. Pero, como las cosas de palacio van despacio, ha tenido que transcurrir casi una década desde que los escritores lo reclamaran para que el Gobierno haya ampliado a otros colectivos ese derecho. Porque, a estas alturas, sigue sin ser pleno. Hoy, solo cuatro de cada diez trabajadores puede, si es su deseo, retrasar su jubilación parcial o plenamente. Incluso, mediante cheques y la promesa de prestaciones más altas, se les incentiva a hacerlo. La permanencia como activos, siempre que no salga más caro trabajar, es, junto al estímulo del empleo, la única vía realista para salvar el modelo.

La historia del sistema público de pensiones, nuestro más poderoso mecanismo de redistribución de rentas, es una historia controvertida en términos económicos, pero de indudable éxito social. Un éxito del que puede acabar muriendo. Aunque arrastrando los pies y sobre la campana, empujados por nuestros acreedores las más de las veces, todo apunta a que vamos por buen camino para evitarlo. O por el único que podemos recorrer dada la creciente esperanza de vida de los españoles. La duda es que lo hagamos con la celeridad que requieren las urgencias que se plantean a la vuelta de la esquina. Porque seguimos prefiriendo elevar los costes laborales y asfixiar la actividad económica, que es la que paga la factura, antes que abrir espacios de flexibilidad y libertad a los individuos para vivir su vida como quieran.

Gestionar la transición hacia un sistema acorde a la nueva sociedad del siglo XXI es un trabajo arduo que requiere de alta precisión para ir ajustando milimétricamente todas las piezas sin romper los precarios equilibrios sobre los que se sostiene. Y de unos conocimientos, una voluntad y valentía política que escasean. Si nos dejamos arrastrar por las urgencias cortoplacistas de los partidos, la bala acabará por salir del revólver. Y suele hacerlo en el momento más inoportuno.

Mohamed en el país de las paguitas

Mohamed está desesperado. Hace días que uno de sus empleados se dio de baja por enfermedad. No sabe cuál es su dolencia. Desconoce si la baja durará días, semanas o meses. Y necesita esa información. Podría contratar a otra persona para sustituirle, pero puede ser que no sea necesario porque mañana se incorpore de nuevo. O tal vez lo haga dentro de un año. Y, entretanto, vive en un sinvivir con esa incertidumbre, porque la legislación laboral, que cumple escrupulosamente, le impide llamarle siquiera para preguntar cómo está o cuánto tiempo prevé que seguirá inactivo. Y mientras esa baja se prolonga, él pierde contratos, porque no tiene capacidad suficiente para responder a lo que le exige su proveedor y le piden sus clientes: «Estoy atrapado».

Hace seis años que llegó a España procedente de Marruecos. En ese tiempo, se empleó en una cantera. Aprendió a cortar la piedra y a tratarla. Cuando se hizo con el oficio, decidió instalarse por su cuenta como trabajador autónomo. Se dedica a montar encimeras subcontratado por una multinacional del sector. El día que puede. Porque cuenta con tres empleados y cuando no es una baja es otra. Está dispuesto a contratar trabajadores en su país y traerlos a España, pero la normativa vigente le impone tiempos que no tiene. Además, se queja de que cuando tienen los papeles que les dan plenos derechos como residentes, muchos lo dejan. Y asegura que contratar a españoles es una misión imposible. La mayoría de los que saben hacerlo ya tienen trabajo. Y los que no lo tienen, no quieren emplearse en tareas que, según le dicen, son poco gratificantes y muy sacrificadas.

Está convencido de que o cambia la legislación laboral, que vuelca todas las cargas, cada vez más, sobre el autónomo y la empresa, o ni la economía ni el país resisten. Dice, literalmente, que con tantos impuestos para pagar los subsidios de los que vive la gente que no puede o, en su opinión, más bien no quiere ir a trabajar «este país se va a la mierda». No es el único pequeño empresario que piensa de ese modo. Sobre todo cuando al término de cada trimestre hay que hacer las cuentas del IVA para pagar a la Agencia Tributaria. Los incentivos para sostener un negocio se están reduciendo en la misma media en la que se multiplican los estímulos para no ir a trabajar.

¡Ay!, como diría la canción, «cómo hemos cambiado». En los tiempos de la recesión, cuando el Gobierno de Mariano Rajoy amenazaba con una mano con una quiebra de España que Europa no podría soportar sin sucumbir, al tiempo que con la otra mendigaba ayuda a esa misma Europa para no ahogarse en el pavoroso déficit que nos dejó en herencia José Luis Rodríguez Zapatero, había que mirar con lupa en qué se gastaba cada euro porque vivíamos de prestado. Ahí empezó el declive de las clases medias, del que aún no hemos remontado. La Hacienda de Cristóbal Montoro buscaba hasta debajo de las piedras, cambiaba criterios de tributación sobre la marcha hasta con efecto retroactivo y aterrorizaba, amenazaba y multaba a todo el que se movía para elevar como fuera la recaudación. El resto de ministros se tentaban la ropa antes de firmar una partida de gasto.

Las convocatorias de empleo público se restringieron a lo imprescindible o se congelaron. Ni siquiera se reponían las plazas vacantes o las jubilaciones a menos que fueran estrictamente necesarias para cumplir el servicio. Con los que el entonces ministro denominó «hombres de negro» encerrados en las oficinas, revisando minuciosamente, una a una, todas las líneas de los balances, incluso las de las cuentas de los hospitales, nos vimos obligados a hacer lo mismo o más con mucho menos y muy poca gana. Cabe la duda de que ganáramos mucho en eficiencia, a la vista de los resultados, pero llegamos a ser conscientes de cuánto gastábamos y en qué lo gastábamos. Nos lo recordaban a cada hora, cada día. La entonces vicepresidenta Soraya Sáenz de Santamaría llegó a hacer una rueda de prensa desde Moncloa informándonos acerca del ingente muestrario de empresas públicas completamente desconocidas y, a su parecer y el de muchos contribuyentes, completamente innecesarias. Teníamos una dedicada únicamente a promocionar nuestras tortillas de patata. ¡Como si necesitaran promoción! No gastaban en empleados, porque muchas no los tenían, pero sí cobraban los que formaban parte de los consejos de dirección o de administración cada vez que se reunían, nadie sabía con qué misión. Aunque muchos lo sospechábamos. El Gobierno pretendía cerrarlas todas. Pasados los meses, ni llegaron a darnos cuenta de lo que hicieron con ellas. Y eran decenas y decenas. Probablemente, más de una permanecerá en alta en el registro, porque, a mediados de 2025, el sector público empresarial sigue engordando: hay más de 5 000 entes activos y, según la Fundación FIDE, cerca de 2 300 empresas a las que hay que sumar las incursiones en el accionariado de compañías punteras, como Telefónica o Talgo, en las que el Gobierno de Pedro Sánchez está colocando a sus peones.

Pero hace una década, en un clima de austeridad sobrevenida —en buena parte aparente, porque los que gobernaban seguían gastando más de lo que ingresaban, cargando las facturas del presente al futuro, a la cartera de deuda—, emergió como promesa de salvación la figura del emprendedor. O la hicieron emerger. Realmente, con el paro subiendo como la espuma, batiendo cotas históricas y sin oferta de empleo en la Administración, parecía la única salida viable para aquellos que se resistieran a emigrar, que también fueron muchos, sobre todo los más jóvenes. Así que no había ocasión que los portavoces del ejecutivo no aprovecharan para engrandecer la tarea de los que se decidían a crear su propio negocio para vivir de él. Si de paso hacían contratos a otros, miel sobre hojuelas. Detrás de la palabra emprendedor se escondía el empresario de toda la vida pero, en plena campaña de despidos y expedientes de regulación de empleo, ni el mismo Gobierno se atrevió a dignificar su labor y su figura llamándolos por su nombre. El caso es que había que emprender, había que emular a las creativas sociedades anglosajonas, a la imaginativa Inglaterra de la posguerra, rebuscábamos casos de éxito en los garajes de Silicon Valley. Y tomamos nota. Hasta las universidades privadas colocaron en los currículos de sus grados la asignatura de Emprendimiento. En algunas, permanece. Eso que habremos ganado. No mucho más.

Porque no tardamos en olvidarlos cuando aparecieron por fin los célebres brotes verdes que Elena Salgado, vicepresidenta y ministra de Economía del Gobierno anterior, el de Zapatero, llevaba anunciando desde 2009. Voluntariosa, ella debía andar buscando con una dosis de palabras supuestamente mágicas la profecía autocumplida, aunque no hubiera mimbres ni supieran dónde o cómo ponerlos. El caso es que, en 2015, España dejó atrás la pavorosa recesión. Y aunque lo hubiéramos hecho en gran medida cargando hasta cotas extremadamente peligrosas la factura de la deuda que habrán de pagar las próximas generaciones, porque ahí sigue, engordando, ya se podía gastar en todo aquello que había quedado maltrecho porque no se había gastado antes.

El Gobierno de Rajoy, que se preparaba para volver a las urnas, metió en el cajón el argumentario en favor de los emprendedores y se dedicó, sin demasiado éxito, a tratar de embellecer un legado muy justito. Y la creciente oposición de ultraizquierda y antisistema, liderada por Podemos, con el PSOE a rebufo, lo fustigó de forma inmisericorde con violentas manifestaciones en las calles, exigiendo repartir entre todos la factura de la crisis. ¡Como si alguien hubiera salido indemne! Tiempo después, confirmamos la sospecha de que a lo único que aspiraban los que organizaron y jalearon las protestas que nacieron en el 15M era a gozar del mismo estatus que ostentaban los que en ese momento tenían poder. Si el ministro Luis de Guindos tenía un ático, Pablo Iglesias se autoerigía en portavoz de lo que él llamaba la gente, porque aspiraba a dejar el piso de protección social de su tía al que no tenía derecho para poseer su propio chalé. Ahora, paradojas de la vida, después de pasar por la Moncloa, se ha reconvertido en empresario de la hostelería. Cada uno busca su camino para progresar, a él le salió rentable la apuesta. No a la gran mayoría, que aún arrastramos los efectos.

La Gran Recesión fue un severo toque de atención para las sociedades acomodadas y desarrolladas europeas. O reducíamos drásticamente el gasto o, si queríamos seguir manteniendo el oneroso estado del bienestar del que disfrutábamos, tendríamos que ganar más y pagar mucho más por él. Así que, en un primer momento, como más no ganábamos, porque las empresas cerraron a pares, nos ajustaron el cinturón. No había alternativa. Pero, posteriormente, cuando el Banco Central Europeo (BCE) empezó a imprimir billetes sin tino para aliviar la carga de los Estados y la actividad floreció de nuevo, volvimos a las andadas. O fuimos más lejos. Espoleados por un nuevo clima político en Bruselas, mucho más condescendiente con los desmanes presupuestarios, PSOE y Podemos tomaron el poder enarbolando la consigna de no dejar a nadie atrás. Y de su mano gastando y gastando, la deuda ha seguido creciendo. La irrupción de la pandemia de covid y la práctica desaparición de la actividad económica, consecuencia del confinamiento ilegal al que nos sometieron, los cargaron de más razones, si es que las estaban buscando. Y también de una mayor sensación de impunidad con la que se embarcaron en la tarea de crear una sociedad mucho más dependiente que la que recibieron. Pagarán mañana los que ni siquiera han nacido, pagan hoy las empresas y sus trabajadores, que son los que se están quedando atrás financiando la creación de enormes bolsas de voto cautivo, que se espera que sea convenientemente agradecido cada vez que se le llame al colegio electoral. Con la conciencia de que el dinero público no es de nadie, como soltó alegremente en el Senado toda una vicepresidenta del Gobierno, Carmen Calvo, cada día que pasa crece la nómina de personas al cuidado del erario público. Unos, por derecho, como los funcionarios de carrera. O los pensionistas que han cotizado. Otros, porque viven de las rentas sin ganarlas, muchos de ellos sin merecerlas.

En 2007, había en España 2.500.000 de funcionarios. Con contenidas subidas posteriores y recortes también, la cifra se ha mantenido más o menos invariable hasta 2020. Es al comienzo de esta década cuando la plantilla pública despega. Si en el Gobierno de Pedro Sánchez alguien le hacía algún remilgo a disparatar la nómina de trabajadores del Estado, lo pierden por completo en su segundo mandato. En 2021, eran 2.600.000. En 2023, rondaban los 3.000.000. En 2025, son 3.000.000 de funcionarios, a los que hay que sumar otros 600.000 empleados públicos. El peso de la Administración en el mercado de trabajo ha crecido en apenas un lustro un 45%. Engrosa en número de ocupados las Encuestas de Población Activa de las que se presume, pero al que paga la factura, el contribuyente de a pie, le cuesta ver los resultados.

Si hay que esperar más de una semana para obtener una cita con el médico de atención primaria, si no hay pediatras suficientes y escasean las enfermeras, si hay que llamar y llamar y volver a llamar, hasta la extenuación, para conseguir que atiendan al teléfono en la oficina de empleo o en la de la Seguridad Social, si no hay carteros en verano, si los juicios se demoran y demoran durante meses y si ni siquiera los antaño precisos trenes de alta velocidad gestionados por las empresas públicas llegan a la hora, cabe preguntarse dónde están trabajando todas esas personas que han aprobado una oposición, porque los servicios públicos se están desmoronando. Lo cierto es que no son tantas como parecen apuntar las cifras. Con la convocatoria en la Administración General del Estado de 40.000 plazas, de media, cada año, hemos ganado, redondeando, unos 200.000 funcionarios al servicio de los ciudadanos. El resto hay que repartirlo entre comunidades autónomas y ayuntamientos, que también han convocado plazas, supuestamente para cumplir con las funciones que les asignan sus competencias. Y cabe sospechar que hasta llegar al millón largo, que es lo que ha crecido la plantilla de empleados públicos, hay que contar también a los que obedecen estrictamente a necesidades o querencias puramente políticas. O de partido.

Entre tanto, en la otra orilla cuentan miserias. Sorteadas las penurias de la crisis, el elogio y estímulo del emprendimiento ha pasado a mejor vida. Y los números lo demuestran. En el mismo período de tiempo, de 2020 a 2025, en el que el número de empleados públicos se eleva en más de un millón, el número de altas en el registro de autónomos apenas ha subido en cien mil. Transcurrido el primer cuarto de siglo, contamos ya con más empleados en el sector público que por cuenta propia. La mayoría de las personas suelen tomar decisiones económicas de forma racional, en todos los órdenes de la vida tratan de maximizar el beneficio con el menor coste posible. Así que, dejando al margen a los que les mueva la vocación, si esforzándose en ganar una oposición viven mejor y gozan de más certidumbres que levantando cada día la persiana de comercio o llevando un camión, por poner un par de ejemplos, optarán por ser funcionarios.

Los nuevos graduados quieren vivir, no matarse trabajando. El estajanovismo de los hombres y mujeres que nacieron en la posguerra y abrieron las puertas a la democracia se ha esfumado. Los que llevan unos años encadenando contratos y salarios míseros, compartiendo pisos u hospedados en pensiones, también optan por probar suerte preparándose el acceso a una plaza pública. Cuántos químicos, biólogos o físicos en la treintena o cuarentena, hartos de becas de estudios e inestables contratos de investigación, no habrán tirado la toalla y sus sueños profesionales para acceder a un ministerio, aunque sea en puestos que exigen una cualificación muy inferior a la que realmente poseen. En determinadas profesiones, la penuria de oportunidades es de tal calibre que sumarse a la función pública supone para ellos la única salida viable.

Un funcionario tiene un empleo asegurado de por vida. Puede, por tanto, acceder a una hipoteca o un crédito con más facilidad, incluso a un precio más competitivo que un empleado autónomo o por cuenta ajena. En la Administración existe la posibilidad de desarrollar distintas funciones y existen mecanismos más o menos objetivos para ascender, se puede desarrollar una carrera profesional plena. Disponen de flexibilidad en horarios y, desde el covid, pueden teletrabajar. Más del 30% lo practica, frente a apenas un 15% en el sector privado. Tienen también más días libres que la gran mayoría de asalariados, como asuntos propios o canosos, que se crearon en los años 80 y 90 como compensación por unos salarios más bajos que los que se pagaban en la empresa.

Hoy, el de los empleados del sector público es, según los baremos de cotización de la Seguridad Social, uno de los cinco colectivos mejor pagados del país. Con antigüedad retribuida. La retribución media roza los 2 900 euros al mes. Aunque en este caso, como en todos, el reparto vaya por barrios. No gana lo mismo un director general o ministro, con nivel A, que un bedel o un administrativo, con nivel C, que no pasa de los 1 300 euros al mes. Si la plaza que obtienen los obliga a cambiar de ciudad, solo en el piso se dejan el sueldo. En el Ministerio de Trabajo, bajo la dirección de Yolanda Díaz, hay grupos de administrativos que se turnan para ocupar lo que se denomina cama caliente, porque no les llega para alquilar en Madrid. La vicepresidenta es muy crítica cuando tiene noticia de que ocurre algo así en algún ámbito de actividad, como en el de los espectáculos. Ha grabado vídeos denunciándolo con suma dureza. Pero tiene el mismo panorama bajo sus narices en su propio departamento. Y no se da por enterada. Es más cómodo ver la paja en el ojo ajeno antes que la viga en el propio.

En todo caso, aunque haya miseria en la Administración, que también la hay, acceder a la condición de empleado público supone, si no a corto sí a medio plazo, una oportunidad de acceso y permanencia en las clases medias, cada vez más cara en el sector privado. Los que hacen una oposición deciden renunciar a la posibilidad cada vez más remota de obtener elevados salarios en la empresa, incluso de llegar a enriquecerse, a cambio de un empleo y una remuneración estables. Es una elección estrictamente personal y perfectamente legítima. Además, nadie pone en duda que un país avanzado necesita de un cuerpo estable de empleados ocupados de gestionar los asuntos comunes, remunerados acorde a sus responsabilidades. La cuestión es qué plantilla pública necesitamos, qué plantilla querríamos tener, qué rendimiento genera la que tenemos y qué podemos pagar. Porque la riqueza para hacer frente a esas nóminas no proviene de la Administración que los contrata, aunque será indispensable que funcione adecuadamente, procede del sector privado, procede del emprendedor o del empresario, del autónomo, del agricultor y del trabajador del mar o del que lo hace por cuenta ajena. Y con el porcentaje creciente que les detraen de sus ingresos, ellos sienten que no dan para tanto.

Los impuestos tienen que alcanzar a costear un correcto funcionamiento de la Administración. Esto es algo que pocos discuten. Cuestión bien distinta es el tamaño que debe alcanzar y los servicios que debe prestar esa administración y la cuantía de los gravámenes para pagarla, porque en esa ecuación caben múltiples modelos. Pero lo que sí resulta controvertido es que esos mismos impuestos se empleen en un sinnúmero ascendente de partidas, algunas más que opinables, y en arreglar *gratis et amore* y sin contrapartida la vida de un número ingente de personas. Habrá quien honestamente lo necesite, pero hay también quien pasa de vivir de sus padres a vivir del Estado porque le resulta más reconfortante no trabajar y percibir una renta que no tiene por qué ser necesariamente inferior a la que tendría si estuviera empleado.

Hay familias que entre ayudas al alquiler, madre oficialmente soltera con hijos a su cargo y padre sin empleo con subsidio o ingreso mínimo vital (IMV) pueden llegar a percibir entre unos y otros más de 2 000 euros mensuales, que ya querrían para sí muchos de los que cada día madrugan para ir a ganarse el sustento. Y para colmo, sin pagar impuestos, puesto que no generan rendimientos económicos. Sin ir más lejos, un administrativo que prepara los cheques de ese sumatorio de subsidios en cualquier consejería de Asuntos Sociales cobra menos. Y ese sí tiene que ajustar cuentas con Hacienda, que no perdona.

El problema de las paguitas, el apelativo con el que un segmento de la población simpatizante de la derecha sociológica y política ha denominado a esa ingente maraña de toda suerte de prestaciones públicas, es que buena parte de ellas tienen su lógica cuando se aprueban. Pero, de ser un remedio puntual y ampliamente aceptado en una coyuntura adversa, pasan a convertirse en un derecho inalienable cuando han perdido toda o buena parte de su razón de ser o incluso cuando están contraindicadas porque presionan artificialmente al alza la demanda. Sin embargo, como nadie se atreve a tocarlo, no digamos ya a eliminarlo, no vaya a ser que se proteste o se le tache de inhumano o cosas peores, ahí siguen. Tirando con pólvora del rey, suman y suman ceros a la cuenta de gastos.

Pongamos por caso una de las que ha gozado de más alta aceptación y que ha llegado a un gran número de beneficiarios: las ayudas para viajar en transporte público. Se decretaron en plena escalada del precio de la energía, que venía de antes, pero que se dispara y enciende la alarma social tras la invasión rusa de Ucrania. En ese momento, el billete de viaje ya estaba subvencionado —nadie paga el coste real del viaje en transporte público—, pero se decide reducirlo a la mitad. O financiarlo al cien por cien, como ocurrió con los bonos para viajar en trenes de media distancia. El objetivo, cuando se toma la decisión, era incentivar a los que tienen que desplazarse necesariamente para ir a trabajar a dejar el coche en el garaje y usar medios colectivos. De ese modo, se abarataba la factura energética de las familias y, de paso, se evitaba un desequilibrio mayor de la balanza comercial del país, enormemente dependiente de la energía. Aunque oneroso, tenía cierta lógica, siempre y cuando los precios de los carburantes fueran desorbitados. Pero los precios bajaron y bajaron y la subvención se mantuvo. Ha tardado nada menos que cerca de cuatro años en retirarse, hasta el verano de 2025.

Hay alternativas, por regalar que no quede. Los jóvenes ganarán salarios miserables, pero para eso está el Gobierno al rescate. No tendrán pan, pero habrá el circo que haga falta. Por si alguno lo había olvidado, lo recordaba en julio en estos términos el chat de WhatsApp de la Moncloa: «¡Recuerda que este verano el Gobierno ha puesto también en marcha el Verano Joven! Descuentos de hasta el 90% para viajar, tanto por España como por Europa». ¡Bravo!, más de un millón y medio de jóvenes podrán desplazarse por todo el continente con un generoso descuento de entre el 79% y el 90% del precio del billete. Gracias al Gobierno, eso que quede claro. Ni siquiera mencionan a los contribuyentes, sus propios padres, sin ir más lejos, que son los que realmente lo pagan con sus impuestos. Sumado al bono cultural que reciben como presente por cumplir la mayoría de edad, independientemente de su nivel de renta y que muchos emplean en comprar entradas para conciertos o festivales, el verano sale redondo aunque haya que dormir en tienda de campaña, que no supone ningún problema a esas edades.

Habrá chavales de fiesta por el mundo, agradecidos al generoso Gobierno, mientras sus padres trabajadores se ven obligados a quedarse en casa. Hasta una de cada tres familias asegura que, debido a la inflación y a la precariedad laboral, lo que ganan no les llega para salir de vacaciones. Un día creyeron que eran de clase media, pero ahora su sueldo no da siquiera para costear durante una semana una plaza en un camping, una habitación en una casa rural o un hotel o un apartamento en la playa. En vez de dar la paga a sus hijos, están transfiriendo rentas que merman sus capacidades al Estado para que sea el Gobierno el que las distribuya, no para cubrir necesidades, sino como mejor convenga a sus particulares intereses. Aunque estén extenuados tras un año entero de trabajo, ya se pueden contentar con las fotos del mar o la Torre Eiffel que envíen sus retoños. Y como no hay mal que por bien no venga —valga el refrán como ironía—, de paso ahorran para pagar a Hacienda en concepto de retribución en especie por los descuentos y bonos que han recibido sus niños para disfrutar alegremente del verano. Un monumental disparate.

Con todo, aunque también suma, la subvención del transporte es una anécdota. Son decenas y decenas las rentas o prestaciones que conceden las administraciones públicas, estatal, autonómicas y municipales. Y a nadie se le ha pasado por la cabeza racionalizarlas en una única cartilla, aunque solo sea por intentar reducir el fraude o evitar duplicidades. En la Administración Central, tres son los ministerios más pródigos. El de Trabajo es uno de los que gestiona uno de los catálogos más amplios y variados: prestación por desempleo, subsidio por agotamiento de la prestación por desempleo, subsidio por cotizaciones insuficientes, subsidio para mayores de 52 años, prestación para emigrantes retornados o prestación para las víctimas de violencia de género o sexual. Compite de tú a tú con el Instituto Nacional de la Seguridad Social, que es el que paga las pensiones de jubilación contributivas, las no contributivas, la prestación por incapacidad permanente, la pensión de viudedad, las ayudas para menores con enfermedades graves, la prestación para madres solteras por nacimiento o adopción o las ayudas por hijos a cargo o el IMV. Hacienda no solo pide, también abre la mano: ayudas a la vivienda y a la rehabilitación, ayudas a la discapacidad o prestaciones para personas de bajos ingresos o para madres trabajadoras y familias numerosas. ¡Incluso invitan al cine! El programa de cine *senior*, que tanto revuelo organizó cuando se puso en marcha, sigue activo: los mayores de 65 años, sean mendigos o se llamen Juan Roig o Amancio Ortega, pueden ver una película por solo dos euros. Cortesía de los contribuyentes que son así de dadivosos, aunque se apunte el tanto el Gobierno. Una forma como cualquier otra de subvencionar, por la puerta de atrás, la industria del séptimo arte que suele apoyar a Pedro Sánchez en los momentos de aprieto político y campañas electorales, agradando de paso a los abuelos, potenciales votantes. Las comunidades autónomas también ponen su granito de arena: deducciones por maternidad, bono joven de alquiler, cheque familiar, bonos para la conciliación y hasta rebajas de impuestos por usar la bicicleta o ir al gimnasio.

No cabe duda de que, en una economía denominada social y de derecho como la nuestra, una de las funciones de la Administración es sostener al que no puede hacerlo por sí mismo, bien sea puntualmente, porque pasa por un momento de adversidad, bien sea durante toda una vida, porque por incapacidad o discapacidad no pueda ganarse el sustento por sus propios medios. Más aún si ha generado ese derecho, como es el caso de los que atraviesan una situación de desempleo. Lo que no parece de recibo es que, salvo en el caso de retiro por jubilación o enfermedad grave, esas prestaciones no vayan aparejadas de los controles adecuados para garantizar que llegan únicamente a los que realmente lo necesitan o de mecanismos que aseguren que el afectado pueda valerse lo antes posible de su trabajo. No solo porque resultaría menos gravoso para las clases medias, que son las que pagan impuestos, y para las arcas públicas, no solo porque es ético y justo, sino también porque muchas de esas paguitas están desincentivando el trabajo, que es el que sostiene el país, que es la principal fuente de riqueza de una sociedad.

Sin embargo, son demasiadas las ocasiones en las que la propia ayuda puede resultar contraproducente a la hora de estimular la búsqueda de un empleo. Pongamos por caso a una persona que se queda en paro con más de 50 años. Puede cobrar el desempleo y, posteriormente, el subsidio para mayores de 52. Es perfectamente legal compatibilizar esa prestación con otras rentas, sean de la cuantía que sean, como herencias, el alquiler de un inmueble o los rendimientos de inversiones financieras. ¿Por qué molestarse en encontrar un nuevo empleo, que, por otra parte, difícilmente le van a ofrecer? Salvo que el salario que puedan ofrecerles sea atractivo o las rentas que perciben sean muy bajas, no sale a cuenta.

Una persona en paro, con varios hijos a su cargo, puede llegar a percibir una transferencia del SEPE de cerca de los 1 500 euros al mes, una cifra sensiblemente superior al salario mínimo. Ciertamente, no da para vivir con mucha holgura a toda una familia, aunque con los criterios de la OCDE podría decirse que ese individuo forma parte de la clase media. Pero a pesar del desasosiego que indudablemente provoca una situación de inactividad, más con menores a cargo, esa persona se lo pensará dos veces antes de volver al mercado laboral si no le ofrecen un sueldo más elevado que la prestación que recibe. Al menos, no hasta que se vaya agotando el tiempo durante el que tiene derecho a cobrar. Mejor recibir que pagar impuestos, que para eso están los vecinos. En todo caso, el mantener esa prestación podría ser, incluso, un incentivo adicional para ganarse un sobresueldo en la economía sumergida, que roza ya el nada despreciable porcentaje del 16% del PIB. La Fundación Civismo calcula que puede alcanzar los 240.000 millones de euros. Solo con esa cantidad, pagamos dos terceras partes de la nómina anual de las pensiones.

Es lo que se pretende evitar con el subsidio de desempleo que llevaban tiempo exigiéndonos desde Bruselas, que los parados se escaqueen de pasar por Hacienda pasando a la economía en B. Ese subsidio es una transferencia con la que se retribuye a personas que vuelven al mercado laboral una vez han agotado la prestación por desempleo, pero que lo hacen con ingresos insuficientes. El fin puede ser noble, pero el diablo se esconde en los detalles. Tras esa reforma, una persona que gane menos de 1.350 euros cada mes, que ya se ocupará el beneficiario de que no pase de esa cifra en un solo céntimo porque lo perjudicaría, puede seguir percibiendo subsidio. Es un complemento que asciende al 80% del IPREM, unos 480 euros, que irá desapareciendo gradualmente. Durante los meses que lo perciba, será otro receptor que cobre más que el funcionario administrativo de nivel C que le tramite la transferencia.

Para evitar los abusos que castigan a los que cumplen religiosamente las normas y son honestos están los inspectores de Trabajo. Pero no llegan. También podrían detectarlo los trabajadores del SEPE. Pero si no alcanzan ni a gestionar a tiempo las altas y bajas, ¿alguien con dos dedos de frente puede llegar a creer que pueden realmente fiscalizar a qué dedican su tiempo cada uno de los parados que recibe prestaciones? Con comprobar que sellan virtualmente la cartilla cuando procede se dan por satisfechos, que bastante mal ambiente se respira en las oficinas abiertas al público a pie de calle. Allá cada cual si le pillan cometiendo fraude. Los Servicios Públicos de Empleo disponen de recursos económicos notables, pero les resulta materialmente imposible cubrir las plazas vacantes. Dar la cara conlleva aguantar muchos chaparrones. Nadie quiere esos puestos.

Lo que se entiende por vivir de las rentas es algo que está muy mal visto en la España de 2025. Hasta el punto de que los arrendatarios de vivienda se han visto convertidos, por inducción de la propaganda política, en sospechosos tiburones financieros en busca de presa entre los más débiles. Pero vivir de un subsidio, aunque no se haga absolutamente nada para evitarlo, es una forma de existir más que aceptada socialmente. No es un baldón. Hasta el punto de que el Gobierno, incluso, lo celebra cuando contabiliza un incremento del número de beneficiarios. Por sorprendente que pueda parecer, en junio de 2025, la Moncloa comunicaba, poniéndose la correspondiente medalla —esa nunca falla—, que el IMV, concebido con un buen fin, mitigar los efectos de la pobreza, había llegado a más de

2.250.000 personas. En vez de descorchar la botella de champán cada vez que una familia deja de necesitar asistencia, porque puede vivir con sus propios medios —que las habrá, aunque no nos lo cuenten—, lo que se proclama a los cuatro vientos es que son más las que cobran la correspondiente ayuda. Hasta la propia Autoridad Fiscal Independiente ha dado un toque de atención a la Moncloa, exigiéndole que aumente los incentivos para que los perceptores del IMV regresen al mercado laboral, porque los tiempos de permanencia como beneficiarios son alarmantes. A pesar de que más de la mitad de las personas que tendrían derecho a cobrar esa prestación no la ha solicitado, nueve de cada diez beneficiarios la cobra durante doce meses. Siete de cada diez, durante dos años. Seis de cada diez, hasta tres años. Cuantos más dependientes, más estómagos agradecidos. Al fin y al cabo, el que corre con la factura es el contribuyente, las clases medias.

«Una de las cosas más tristes de nuestros tiempos es que hemos demonizado a quienes producen, subsidiado a quienes se niegan a producir y enaltecido a quienes solo se quejan», se lamenta el economista Thomas Sowell. Eso es lo que ocurre en España. Y en buena parte de Europa. Un país en el que su ministra de Trabajo dice trabajar para que trabajemos menos, en vez de mejor, no puede aspirar a gozar de más prosperidad para sus ciudadanos. Las palabras tienen efecto en la economía y el discurso de una buena parte del Gobierno de Pedro Sánchez, sumado a la legislación laboral desarrollada en los últimos años, han contribuido sobremanera a ensalzar la dependencia al tiempo que deterioraban la cultura del esfuerzo. Si durante la recesión llegamos a rozar la inhumanidad de que un trabajador no podía enfermar un solo día porque perdía la parte correspondiente del salario, con los sucesores de Mariano Rajoy nos hemos ido al extremo opuesto. Son inmisericordes con el empleador, que siempre será presunto culpable y extraordinariamente comprensivos con el empleado. Aunque no se moleste en pisar por la oficina.

Desde 2018 a 2025, según el Instituto Valenciano de Investigaciones Económicas, el absentismo laboral provocado por enfermedades comunes, es decir, al margen el covid, se ha incrementado en más de un 40%. El número de personas en incapacidad permanente, es decir, dependientes durante el resto de su vida, ha alcanzado ya el millón. En 2023, se perdieron cerca de 400.000.000 de jornadas laborales por esa razón, calculan las mutuas de accidentes de trabajo. Porque esas bajas no solo son más numerosas, sino también más prolongadas. La gran mayoría de las jornadas perdidas tendrían que haberlas trabajado personas que llevan más de un año en situación de incapacidad temporal. Los problemas de salud mental de ser estigma han pasado a convertirse en una formidable epidemia. Han crecido más de un 170%.

El coste de esa bola de nieve en la que se ha convertido el absentismo rodando colina abajo, que ronda el 1% del producto interior bruto, corre a cargo de empresarios, la inmensa mayoría pequeños, como Mohamed, que son incapaces de comprometerse a atender a sus clientes. Sus costes suben y la productividad de su plantilla baja. Suma y sigue también para los maltrechos presupuestos de la Seguridad Social, que, como Hacienda, también somos todos, porque a menos horas trabajadas, menos horas cotizadas.

Muchas de esas bajas serán de derecho. Y precisamente porque hay personas que sufren enfermedades graves, largas, como las oncológicas, necesitamos un Estado con recursos que los asista. Pero también lo suficientemente fuerte para evitar y disuadir a los sinvergüenzas. Muchos sufrirán reveses económicos. Y, porque todos somos potenciales víctimas, no se ponen en tela de juicio las prestaciones para los que, de un día para otro, se quedan sin trabajo. Cuestión distinta es que deban eternizarse. Porque sabemos que usaremos la sanidad, los colegios o reclamaremos a la justicia, porque queremos becas para que estudien los niños a los que el sueldo de sus padres no les alcanza, pagamos impuestos y un salario adecuado a las personas que gestionan esos servicios de los que, de un modo u otro, en mayor o menor medida, todos somos beneficiarios. Pero de ahí a financiar fiestas, viajes o tardes de cine va un trecho muy largo. El mismo que separa el uso racional de lo que es de todos del dispendio o de la compra interesada de voluntades. El mismo que va de una correcta y eficiente gestión de los asuntos comunes al empleo desmedido y torticero del dinero público que se detrae, aunque se tienda a olvidar, de las rentas ganadas por trabajadores y empresas.

Sin embargo, convencido por sí mismo o empujado por la presión, primero de Podemos, después de Sumar, el Gobierno de Pedro Sánchez se ha dedicado a crear dependientes de todo tipo de prebendas y necesidades. Y va a llegar el día, que no está muy lejos en el tiempo, en el que los contribuyentes, ahogados, no puedan financiarlos. Porque la balanza ya no está equilibrada. El peso de la Administración y el gasto público en la economía crece en la misma medida en que disminuye la capacidad financiera y las rentas disponibles del sector privado. El poder de succión de riqueza del Estado es el que está empobreciendo sobremanera a las familias, a las amplias capas que conforman las clases medias trabajadoras que, por mucho que se airee el espantajo de los ricos, son las que pagan los impuestos para financiar el creciente y disparatado dispendio. Racionalizar ese gasto, introducir criterios de justicia en el empleo de esos dineros es un reto económico, pero también es de conciencia, de responsabilidad. Tenemos un problema cuando un individuo puede percibir una renta más alta cruzado de brazos ante el televisor o de parranda que cumpliendo con una jornada laboral. Tenemos un problema cuando el sistema de ayudas, prestaciones y rentas procedentes de un Estado despilfarrador presenta serias disfunciones, porque no se audita ni vigila con suficiente rigor, porque se aplaude al que gasta más y no al que gasta mejor. Tenemos un problema porque se señala, criminaliza y exige dineros al que arriesga y triunfa, mientras se subvenciona y reconforta al que aplaude y dócilmente se mimetiza con la masa.

El despilfarro de las paguitas no es solo una trampa económica. Es, ante todo, una trampa política. Todo aquel que ostenta poder preferirá siempre a un individuo subvencionado, y por tanto sometido, a ser posible también agradecido, antes que hombres y mujeres libres. Por esa razón, revertir esa dañina cultura de la mediocridad, inducida desde las élites políticas, las últimas beneficiarias, es, posiblemente, la mejor forma de cortocircuitar este proceso de decadencia del que a corto plazo solo ganan unos pocos y a largo nos empobrece a todos. Lamentablemente, no solo en el bolsillo. Urge recuperar la conciencia de lo que somos, ciudadanos con derechos, pero también con responsabilidades, que no súbditos ni, por supuesto, dóciles dependientes.

No es magia, son tus impuestos

En marzo de 2023, en vísperas de la declaración anual de la renta, la Agencia Tributaria lanzaba una nueva campaña en medios de comunicación y redes sociales. En el vídeo, se ve feliz a Sofía, porque gracias a una beca ha logrado estudiar en una universidad pública. Aparece después Paco, que ha logrado entrar en el equipo nacional y aspira a competir en los Juegos Paralímpicos. Y concluye con la amable sonrisa de Adela, una señora con ochenta y cinco años que recibe cada semana la visita de los trabajadores de un centro de atención domiciliaria. Concluye con un lema: «No es magia, son tus impuestos». Obviamente, los impuestos financian los cuidados que requiere Adela. Supuestamente, pagarán también la estancia de Paco en París, porque el acceso al equipo no lo proporciona Hacienda, sino, como explicita la voz en *off*, su tesón y esfuerzo. Otro tanto podría decirse de la beca de Sofía. Cabe esperar que se la hayan concedido porque no dispone de medios para seguir estudiando y sus calificaciones acreditan que merece que la sociedad invierta en su formación. ¿Quién con una pizca de empatía, con un poquito de corazón, se negaría a pagar la beca de Sofía, los entrenamientos de baloncesto del esforzado Paco o la atención domiciliaria de Adela? ¿Quién no está reconfortado cuando le hacen sentir que ha hecho la buena obra del día o del año? Esa es la respuesta que pretende inducir la Agencia Tributaria con este planteamiento profundamente emocional: «Concienciar a la población del valor social de los impuestos tanto para la vida diaria como para nuestro progreso común». Hablando en plata, el objetivo es que paguemos, a ser posible de buen grado, sin echar pestes del Gobierno. Lo admiten: «Esta acción busca la mejora del cumplimiento voluntario de las obligaciones fiscales».

Voluntario, dicen. ¿Desde cuándo una obligación es voluntaria? ¡Ay de aquel que se escaquee de hacer la declaración de la renta teniendo que hacerla! ¡Ay del que escamotee un solo dato o confunda una cifra o se retrase! No tardará mucho en aparecer en el buzón una carta con membrete de la Agencia Tributaria en la que sugieren o explicitan un sinfín de graves amenazas que te harán sentir como un miserable delincuente, una vil cucaracha. La presunción de inocencia, pilar de la democracia, no está en el diccionario de Hacienda.

Frente a su apabullante poder, los hay que pelean hasta el último céntimo defendiendo su inocencia. Más de un futbolista ha llegado a los tribunales, atropellado por un caprichoso cambio de criterio a la hora de tributar determinados ingresos y ha ganado el pulso. Ellos disponen de recursos para hacerlo, litigar es caro. Eso sí, con su estigma a cuestas, inmediatamente después de ganar o de pactar para evitar sustos mayores, han puesto pies en polvorosa dejando la frontera de por medio. Sin embargo, la gran mayoría de contribuyentes no tiene capacidad para asumir el cargo de un equipo de abogados capaces de enfrentarse con mínimas garantías de éxito durante meses, años incluso, a un coloso de tal magnitud. Así que asumen el recargo por sus negligencias o errores, sus retrasos o sus faltas y pagan, que es lo que se pretende. Con celeridad si la deuda es cuantiosa, porque no debe ser plato de gusto aparecer en la lista anual de morosos que publicita a los cuatro vientos la Agencia Tributaria. Los vecinos y los compañeros de la oficina susurran, señalan. Y, si se trata de un personaje con cierta relevancia pública, la presencia en todas las radios y televisiones, donde siempre habrá alguien dispuesto a descuartizar verbalmente al insolidario defraudador, está garantizada. El sangriento festín es comparable al espectáculo del villano de película que va recibiendo golpes, insultos y escupitajos camino de la horca. Nuestro Código Penal no contempla la pena capital, pero la muerte social si no se cumplen las obligaciones fiscales no te la quita nadie. Aunque acabes ganando el pleito. Por poner solo un ejemplo: la actriz Ana Duato ha logrado que los jueces sentencien que no era su intención defraudar manteniendo inversiones en el extranjero, pero el daño que han hecho a su imagen y a su carrera profesional, con la cancelación de la serie de éxito que protagonizaba en TVE, *Cuéntame*, no tiene precio. Y nadie la resarcirá. A lo peor, siempre quedará quien siga pensando que algo habrá hecho.

Desde que los inspectores a las órdenes de Josep Borrell señalaran a Lola Flores por eludir durante años la obligación de presentar el impuesto de la renta, nadie está a salvo. Cuando la fiscalía pidió años de cárcel para ella, nos quedó claro que Hacienda somos todos. Ese era el efecto que buscaban echando a los leones nada menos que a La Faraona. Hay que admitir que respondió con la gracia que le caracterizaba, dicen que le lanzaban pesetas por la calle para ayudar a pagar su deuda. Es dudoso que los ciudadanos respondieran ahora del mismo modo. En la España de hoy, un dirigente político condenado por malversar millones y millones de dinero público para crear bolsas de voto cautivo, como dictaminaron los tribunales en el caso de los ERE o los referéndums ilegales en Cataluña, no irá a la cárcel, puesto que la ley modificada a la medida de los socios y compañeros de partido de Pedro Sánchez entiende que no se lucraron. Y no, no se metieron un euro en el bolsillo, solo se aseguraron unos cuantos años más de salario pagado por los contribuyentes. En cambio, al que escamotea dinero a Hacienda no tarda en colgársele el sambenito y corre el riesgo de dar con sus huesos en una celda, aunque la cuantía que haya defraudado, por elevada que pueda llegar a ser, no llegue ni a la décima parte de lo que otros han malversado.

Agrade más o menos, que no es plato de gusto para la gran mayoría; debemos pagar impuestos para financiar los bienes y servicios comunes. En su artículo 31, la Constitución dice que «Todos contribuirán al sostenimiento de los gastos públicos de acuerdo con su capacidad económica mediante un sistema tributario justo inspirado en los principios de igualdad y proporcionalidad que, en ningún caso, tendrá alcance confiscatorio». Aunque el impuesto de la renta tal como lo conocemos nace de los Pactos de la Moncloa, previos a la Carta Magna, este es el mandato al que han dado cumplida respuesta con leyes los sucesivos gobiernos de la democracia. Cada cual ha hecho su ley en función de su visión del mundo o sus preferencias ideológicas, de la sociedad que buscaban crear o de sus urgencias presupuestarias. Esa orden constitucional cabe interpretarla y aplicarla de muy diversos modos.

Los políticos de la izquierda del arco parlamentario, por ejemplo, no dudan en asegurar a sus potenciales votantes, cada vez que tocan a rebato para ir a las urnas, que sangrarán a los ricos. Sus sociólogos de cabecera deben tener claro que el mantra retorna en papeletas en la urna. La cuestión es qué entienden ellos por ricos o qué nos quieren hacer entender. Según la Fundéu, un rico es una persona «adinerada, hacendada o acaudalada». La Real Academia dice que se trata de alguien «que tiene abundante dinero o bienes». En cambio, si pasamos de las promesas a los hechos, podemos concluir que los dos últimos gobiernos de España deben considerar que un rico es un trabajador que cobra al año más de 12.450 euros. Con ese sueldo, no llega ni a la clase media según el baremo de la OCDE. Por supuesto, no es una persona acaudalada ni adinerada. Pero, con más o menos proporcionalidad, los que obtienen rendimientos por su trabajo a partir de ese nivel de renta son las verdaderas víctimas de las subidas de impuestos que no han dejado de sucederse desde 2011.

El grueso de lo que recauda la Agencia Tributaria no procede estrictamente de la capacidad económica de un individuo, proviene realmente de la retribución que obtiene por su trabajo, se ganen mil euros al año o se ganen más de trescientos mil, que es el tramo más alto en el IRPF. Son ingresos seguros y recurrentes para las arcas públicas, porque el empleador está obligado a aplicar el devengo que corresponda de forma inmisericorde en la nómina del asalariado. Y otro tanto hace en la factura el autónomo, aunque esté endeudado hasta las cejas o se vea obligado a asumir por sus circunstancias personales cargas insoportables. Salvo los descuentos por discapacidad o dependientes a cargo, pocas casillas más hay en el impreso para adaptar la carga fiscal a la verdadera capacidad económica o casuística de cada contribuyente. Y la gran mayoría de los que perciben ingresos por trabajar, que es a los que Hacienda puede hincar el diente, no son los que poseen fortunas alojadas a buen recaudo en fundaciones o sociedades de inversión. Son las clases bajas y medias.

De cada diez euros adicionales que las arcas públicas han ingresado en 2024, cuatro proceden de los salarios o de los rendimientos del ahorro del españolito de a pie. Del resto, otros cuatro euros, proceden de gravar hasta con un nada desdeñable porcentaje del 21% todos y cada uno de los servicios y bienes que consume, sea pobre de pedir o rico que nada en la abundancia. Algunos con recargo adicional en forma de impuestos especiales, como los carburantes, el tabaco, el alcohol y hasta el uso de botellas de plástico. Nada, absolutamente nada, escapa al ojo que todo lo ve del desmedidamente voraz señor de Nottingham.

¿En qué lo emplea? Es un misterio. En los últimos dos años, el Gobierno ni siquiera se ha molestado en llevar al Congreso un proyecto de presupuestos para que las Cortes, como representante de los ciudadanos, refrenden el uso que el poder ejecutivo hace de nuestro dinero. Las notas mensuales de ejecución aquilatan los gastos en grandes partidas, como las de personal o deuda, que ocultan la letra pequeña. El que esté interesado en saber debe armarse de paciencia para que los responsables de Transparencia detallen qué uso se da a los aviones oficiales, cuánto nos ha costado el viaje de un ministro o qué séquito lo acompañaba. Con suerte, alguien se va de la lengua y acabamos por enterarnos de que se han ido de fin de semana a Nueva York con la pandilla o de los detalles escabrosos de una pernoctación en paradores públicos con señoritas de compañía. Pero de eso no da cuenta la publicidad institucional.

No gastarán un mísero euro en informarnos en qué y cómo emplean hasta el último céntimo, pero no tienen el menor recato en apelar al sufrido ciudadano cada vez que no les salen las cuentas. En los últimos quince años, los ajustes para cuadrar los objetivos de déficit público se han hecho invariablemente elevando la presión sobre los contribuyentes. Con puntuales excepciones, la fiscalidad sube desde 2010. Nada menos que desde que José Luis Rodríguez Zapatero cayó del caballo y se enteró de que no estábamos en la Champions League de la economía mundial, como proclamaba a los cuatro vientos para ganar las elecciones, sino en una profunda crisis. Este señor, que había llegado a la Moncloa asegurando que bajar impuestos era de izquierdas, derogó incluso el Impuesto de Patrimonio en 2008 con el fin de revalidar su victoria en las urnas. En 2009, asfixiado por una recesión brutal que él mismo se ocupó de agravar con una gestión calamitosa, acabó por recuperar esa figura tributaria. Y, pese al amargo lamento de su sucesor, acabó subiendo hasta el IVA de las chuches.

A Zapatero le sucedió, a los mandos del erario público, Cristóbal Montoro, que aunque candidato de una formación política que se declaraba liberal-conservadora estaba obsesionado por aparecer ante la opinión pública como un tipo a la izquierda, muy a la izquierda de la socialdemocracia. Y, para demostrarlo, sin previo aviso y contrariando el programa electoral que llevó a su partido al Gobierno, cocinó un sablazo fiscal de campeonato nada más aterrizar en el Ministerio. Nunca, en democracia, los tipos máximos que gravan las rentas del trabajo han sido tan elevados como en los dos años que nos impuso una suerte de tasa adicional que él mismo bautizó de «temporal de solidaridad». Se llegó a detraer más de la mitad de las rentas de los salarios más altos, el 52%. Si esto no es confiscatorio y, por tanto, prohibido expresamente en la Constitución, cabe preguntarse qué lo será. Heredar un país al borde del rescate, rondando la quiebra, hizo aflorar en ministro la naturaleza de un auténtico depredador de fondos que parecía disfrutar enormemente manteniendo al personal acongojado. Con una particular risa, disparaba sus invectivas a un colectivo tras otro, de los periodistas a los autónomos, de los actores a los profesionales liberales. Solo salvó de la inspección, avisándolo a tiempo, a Juan Carlos Monedero, uno de los exponentes de la ultraizquierda bolivariana que afloró al calor de las protestas del 15M.

Cristóbal Montoro dejó el trabajo hecho a María Jesús Montero. Su sucesora no necesitaba hacer pedagogía. A esas alturas, cuando recogió la cartera de Hacienda, en 2018, aunque la economía crecía, olvidamos el efecto riqueza que insuflaron sobre las clases medias las rebajas fiscales del Gobierno de José María Aznar. Ella sí, declarada de izquierdas, nada más tomar posesión del Ministerio se dedicó a inventar todo tipo tasas y gravámenes que lo único que lograron fue restar atractivo al mercado español para las multinacionales y empresas y, por ende, para el empleo. Una galopante inflación le ha hecho el trabajo sucio. Desde la pandemia, la recaudación se ha disparado. Gracias a la subida de los precios, bate récord tras récord. Se quejaba Pedro Sánchez, todavía en la oposición, de los ricos y poderosos señores del puro que vivían a costa de los ciudadanos. Hoy, esos opulentos avaros ya no son los empresarios a los que criminalizaba el antaño aspirante al Gobierno de España, sino los inquilinos de la Moncloa.

El 40% del incremento de la recaudación en los últimos cinco años procede de lo que se ingresa en concepto de impuesto sobre la renta. Esa «excepcionalidad recaudatoria pospandemia» solo es comparable, según el criterio de la Fundación de las Cajas de Ahorro (Funcas), a los años del *boom* de la burbuja inmobiliaria.

La diferencia es que entonces creíamos nadar en la abundancia. Ahora, asfixiados entre precios e impuestos, nuestro poder de compra ha mermado considerablemente. Somos más pobres. No es de extrañar que el 80% de los hogares declaren a la Funcas que la situación económica es regular o mala. Sus economistas certifican que el IRPF ha frenado su renta real. Quince años después, las familias no han recuperado la capacidad económica que tenían en 2008, está más de cuatro puntos por debajo. Y lo peor es que, a su juicio, tardarán varios años en hacerlo: si no hay indexación, la erosión seguirá produciéndose.

Cristina y Juan, un matrimonio de clase media acomodada, acostumbrados a planificar su horizonte financiero a medio plazo, están convencidos de que será así. Ambos, en alta como trabajadores autónomos, se reparten las tareas de un pequeño negocio familiar en el que hay meses mejores y meses peores, pero que va razonablemente bien, «lo pasamos muy mal en la crisis, pero ahora, aunque hay que echarle muchas horas, de lunes a domingo, no nos podemos quejar». Rondando la cincuentena, su casa está pagada, conducen dos coches de alquiler porque los usan para trabajar y eso desgrava como gasto y disfrutan de quince días de vacaciones en la playa en verano. A simple vista, no tienen motivos para quejarse. Lo admiten: «Vivimos todo lo bien que podemos».

A lo largo del último año, guardaron todos los tickets y facturas de cada gasto, por nimio que fuera. Incluso, el de la barra de pan. Y, cuando llegó diciembre, sumaron todo lo que en concepto de cotizaciones y toda suerte de impuestos y tasas habían transferido al Estado. Horrorizados, llegaron a la conclusión de que, de enero a octubre, habían estado dejándose la piel para pagar a Hacienda o la Seguridad Social. Y, para colmo, como quieren una sanidad que les atienda a ellos y sus hijos con celeridad cuando tienen algún problema de salud, no usan los servicios de la pública, han decidido pagar un seguro privado. Dan mucho y reciben poco, muy poco a cambio.

Han echado cuentas. Podrían trabajar menos y pagar menos a Hacienda. Su nivel de vida apenas se resentiría. Pero les gusta lo que hacen y ya tienen una decisión tomada: en cuanto los chavales acaben sus estudios, se irán a vivir a Portugal. Algunos de sus amigos, que han salido huyendo para evitar que le penalizaran con impuestos, entre otros los que gravan el patrimonio, ya han hecho las maletas: «Hacienda seremos todos, pero a la hora de pagar unos lo son más que otros. Porque los impuestos no son progresivos, son confiscatorios», sentencian.

«El poder adquisitivo se ha reducido significativamente por la presión fiscal que soportamos, principalmente las clases medias, que nos ha llevado a un sistema claramente confiscatorio, según el criterio del Tribunal Constitucional —me confirma el economista Juan Iranzo—. Una parte importante de la clase media se está viendo afectada por esa situación, porque no es solo el IRPF, estamos hablando de todos los impuestos. Se ha incrementado significativamente el número de herencias no aceptadas por razones básicamente fiscales, porque no hay liquidez para hacer frente al pago que exige la Administración por recibirlas. Y este es un clarísimo ejemplo de empobrecimiento. En España existe ese espíritu, el de dejar herencia, que no entiendo muy bien por qué tenemos los españoles esa propensión o esa obsesión, porque ya decía Milton Friedman que era un fallo de cálculo, pero lo cierto es que ese derecho se está cercenando. Y, por otra parte, con nuestros impuestos pagamos también servicios a los que antes accedíamos y a los que ahora, por su deterioro, renunciamos. Sin ir más lejos, los servicios médicos. La deficiente cobertura ha elevado los seguros de la sanidad privada un 50% de 2020 a 2023. ¿Dónde va entonces el dinero, si no lo usamos? Básicamente, los receptores netos de renta son las clases más bajas. Las clases medias solo reciben en el momento de la jubilación, durante su vida activa básicamente aportan».

Tres lustros de subida ininterrumpida de las cargas fiscales son tres lustros de contención, cuando no de deterioro progresivo de sus rentas. Solo desde 2020, la presión fiscal sobre las familias ha subido cerca de cuatro puntos, hasta superar el 53%, según Civismo. La fundación lo achaca, fundamentalmente, a dos factores. Uno, la ininterrumpida subida de impuestos. El otro, unos ingresos personales más reducidos, que obedecen al cierre de negocios que, en 2020, provocó el confinamiento. Es decir, aunque un individuo ganara lo mismo en 2025 que en 2020, y eso es lo que ha ocurrido, porque los salarios prácticamente están congelados desde entonces, tendría menos capacidad de compra, puesto que Hacienda le detrae un porcentaje mayor. Pero es que también le exige más, en términos relativos, incluso si gana menos. La Administración, en vez de acompañarlo, contribuye a asfixiarlo.

Desde 2009, se están transfiriendo rentas crecientes del sector privado al público a costa del poder de compra de los ciudadanos y también de su capacidad de ahorro, que es la que financia la inversión para afrontar el futuro. De 2020 a 2023, los ingresos del *sheriff* de Nottingham por los tributos que gravan los ingresos por trabajo y el rendimiento de los ahorros han crecido diez veces más de lo que lo ha hecho la economía. En ese período, con el año en blanco del covid, el PIB apenas repuntó un 3,5%. Pero Hacienda es inmune a las pandemias, ejercicio a ejercicio está batiendo récords. También en los dineros que ingresa en concepto de IVA o por Sociedades, lo que detrae de los beneficios de las empresas. Las pequeñas, según CEPYME, soportan una carga fiscal hasta un 50% superior a la media europea, a la que hay que añadir el coste que genera la burocracia. Hay que retratarse ante el fisco una vez al trimestre, en vez de anualmente, como en otros países de nuestro entorno. Una locura que da de comer a muchas gestorías, pero que para los negocios también tiene un precio.

Con tres niveles de Administración, en el mejor de los casos, cada cual se lleva su correspondiente tajada del mordisco que le pegan al presupuesto familiar. Solo entre subidas y creación de nuevos tributos y tasas, el Instituto de Estudios Económicos ha contado más de 90 desde que Pedro Sánchez aterrizó en la Moncloa. Algunos son fijos, como el IRPF. El contribuyente está obligado a pasar periódicamente por caja. Otros, como el Impuesto de Transmisiones Patrimoniales que se cobran las comunidades autónomas, están ligados a un acto económico puntual, como la compraventa de una vivienda. O los impuestos especiales que percibe el Estado. Y también hay gravámenes que suben bajo un disfraz aparentemente inocuo, como la revisión de los valores del catastro, de la que se benefician las arcas municipales a la hora de calcular el Impuesto sobre Bienes Inmuebles. Entre unos y otros, aunque dependiendo del lugar de residencia del contribuyente, contamos con la barbaridad de cerca de un centenar de figuras fiscales en vigor. Cabe preguntarse a dónde va el dinero.

Aunque el grueso del gasto se destina a pagar la creciente deuda, las infraestructuras o los tan cacareados servicios públicos que prestan los gobiernos regionales, como la educación o la sanidad, no es desdeñable el gasto administrativo y político. En 2009, había en España 80.000 cargos electos. Se lamentaba el periodista Daniel Montero, en *La Casta*, de lo que nos costaban entonces: «Un presupuesto anual superior al de toda la red ferroviaria española, tres veces superior al dinero dedicado a cuidar el patrimonio histórico y sesenta veces más de lo que gasta el país en salud bucodental para jóvenes». Quince años después, el número de cargos electos, supera los 100.000, según las estimaciones del Ministerio de Administraciones Públicas. Cierto es que el grueso de esa cifra son concejales, que cobran las correspondientes dietas por asistir a plenos o comisiones, pero no un salario público. Pero es tan cierto como que, en 2009, el Gobierno tenía 18 ministros y ahora cuenta con 22. Y, por si no fuera suficiente, aunque vistas las proporciones de la infraestructura política pueda resultar incluso anecdótico, el número de asesores de tan nutrido gabinete son cerca de 1 300 y subiendo. Ellos también pagan impuestos.

Más de siete meses de media es lo que, calcula la Fundación Civismo, dedicamos los españoles a pagar impuestos: de enero a mediados de agosto. Redondeando, más de 110 días para pagar las cotizaciones a la Seguridad Social, 50 para pagar IRPF y otros 50 de IVA. Y todo ese esfuerzo para no ver resultados. «Los impuestos son algo que el Estado nos obliga a pagar sin saber muy bien a cambio de qué». Es lo que más de la mitad de los ciudadanos le dice al CIS. Una clara mayoría piensa que recibe menos de lo que aporta, que habría que mejorar los servicios públicos sin elevar la carga fiscal. Ahora bien, los porcentajes se disparan cuando se les pregunta por el fraude. Ocho de cada diez opinan que no paga más el que más tiene. Argumento de peso para que el Gobierno arremeta contra los ricos. Pero son más, el 90%, los que creen que hay mucho fraude y piensan que, en parte, es porque hay falta de honradez, pero sobre todo porque los impuestos son excesivos.

El CIS no pregunta, sin embargo, qué cargas debe asumir el Estado y cuáles debe dejar al libre albedrío del contribuyente, que al fin y al cabo es el que lo gana. Si dieran a elegir a Adela, quizá preferiría pagar menos impuestos y con su dinero contratar a una persona que le asistiera en su hogar en vez de recibir semanalmente la visita de los trabajadores de un centro de atención domiciliaria. Pero si así fuera no tendría por qué estar agradecida al Gobierno. Otro tanto podrían decir los padres de Sofía. Tal vez, si no se vieran obligados a hacer frente a tal carga de responsabilidades fiscales, ellos mismos podrían costear los estudios de su hija e incluso sus viajes en verano. Tú lo ganas, pero es papá Estado el que lo reparte y te lo devuelve —o no— en función de sus conveniencias. Entre otras, que le estés agradecido. Es el que está dejando sin resuello a las clases medias.

A final de sueldo, me sobra mes

Era propio de mediados del siglo pasado. Los señores —porque los que trabajaban fuera de casa eran la mayoría hombres— madrugaban para ir a la fábrica y una vez terminada la jornada laboral, después de comer y de una breve siesta si se terciaba, echaban unas horas en otros menesteres. El que no había montado un pequeño taller de carpintería en el garaje, hacía por ahí algún que otro arreglo como electricista o fontanero o remendaba los zapatos del barrio. Se sacaba un sobresueldo, dinerito contante y sonante, porque por regla general no se tributaba. Quien más, quien menos, todo el que quería progresar, comprar una mejor vivienda o arreglar la del pueblo o pagar un apartamento un mes en la playa, tenía un trabajo por cuenta ajena, que normalmente se prolongaba hasta la jubilación en la misma empresa y una segunda actividad por cuenta propia. En esos talleres que poco tenían que envidiar a los famosos garajes de California nacieron algunas marcas que hoy son líderes nacionales en sus ramas de actividad.

El pluriempleo era cosa de nuestros abuelos y padres, supervivientes de una dura posguerra, crecidos en la austeridad y el sacrificio, formados para sacar adelante a los suyos, como cabezas de familia que eran, contra viento y marea. La sociedad espartana en la que vivieron tampoco ofrecía muchas distracciones alternativas a un *hobby* que además podía ser rentable, más allá del chato de vino y si acaso la partidita en el bar del barrio antes de regresar a casa a cenar. La explosión de la oferta de ocio llegó con la democracia para entretener a sus hijos.

Hoy, el número de pluriempleados ronda los seiscientos mil. Es una cifra inferior a las medias europeas y apenas representativa si la ponemos en el contexto de los cerca de veintidós millones de trabajadores en alta en la Seguridad Social, pero es sobresaliente en la medida en que crece a un ritmo notable, «preocupante» en opinión del sindicato USO. Ateniéndonos a la evolución que muestra en la Encuesta de Población Activa, se ha elevado en más de un 40% en la última década, exponencialmente tras la pandemia. Medio siglo después, con la incorporación plena de la mujer al mercado laboral, en un hogar medio de corte tradicional entran dos salarios. Y, con todo y con eso, hay familias a las que no les llega. Más de cuatro de cada diez asegura al portal de búsqueda de empleo InfoJobs que necesitan desarrollar una segunda actividad y las razones que citan son económicas. El servicio de estudios de USO culpa a la inflación y a los contratos precarios, bien a tiempo parcial, bien temporales disfrazados de fijos-discontinuos. Eso explica que ahora sean ellas las que optan por realizar una actividad secundaria, lo hacen más que los hombres.

La nefasta combinación de unos precios al alza con unos salarios contenidos o a la baja es la causa directa de la creciente precariedad de las clases medias. Hoy, llenar el carro de la compra en el supermercado con los productos más básicos e imprescindibles para vivir no solo sale más, mucho más caro, es que también se lleva un porcentaje mucho mayor del sueldo, que cuando ha subido, lo ha hecho en menor medida que los precios. La voracidad de Hacienda, que es la primera que pone la mano, también en el supermercado, cobrándose hasta uno de cada cinco euros de lo que nos cuesta cada producto, hace el resto. Desde 2008, cuando la crisis de deuda y financiera dinamitó la creencia en la que habíamos sesteado plácidamente de que la innovación tecnológica había acabado con los ciclos de crecimiento y recesión, no levantamos cabeza.

Los que aprendimos a contar en pesetas en el colegio rememoramos con cierta nostalgia en nuestras conversaciones una fecha que marcó un antes y un después en nuestras vidas: 2002, la adopción del euro como moneda física. Fruto del mal llamado redondeo que la mayoría de comerciantes aplicaron con celeridad, el café subió de cien pesetas a un euro, que es tanto como subir, prácticamente de un día para otro, cerca de un setenta por ciento. Y quien dice el café dice casi todo lo demás, aunque los porcentajes de redondeo de otros bienes pudieran ser más comedidos. La moneda común resintió nuestro poder adquisitivo —ese año, la inflación subió un cuatro por ciento—, pero lo hizo momentáneamente. A cambio, nos proporcionó tipos de interés mucho más bajos con los que nos lanzamos a endeudarnos para consumir e invertir y a comprar viviendas, gracias a una inflación extraordinariamente más comedida que la que registraba en los tiempos de la peseta. En las décadas de 1970 y 1980, los precios podían llegar a crecer en un solo año a un ritmo de dos dígitos. Más de un 26% lo hicieron en 1977. El año en el que más han subido desde la puesta en circulación del euro, en 2022, remontaron cerca de un 8,5%. Nos lo habían advertido los protagonistas de *Los Simpson*.

Sus guionistas tienen fama de visionarios y, como en muchos otros acontecimientos, también nos avisaron a tiempo del escenario inflacionista que se nos venía encima. En 2016, una escena de la serie nos muestra el badulaque de Apu atestado de compradores:

—Cliente 1: Deme un sello de veintinueve centavos.

—Apu: Un dólar con ochenta y cinco.

—Cliente 2: Cóbreme dos dólares de gasolina.

—Apu: Cuatro con veinte.

—Cliente infantil (mostrando un caramelo): ¿Qué valen los de diez centavos?

—Apu: ¡Uy! Asombrosamente caros.

Llegados a ese punto, terriblemente enfadados, sintiéndose probablemente estafados, los compradores abandonan el badulaque con cajas destempladas jurando no regresar.

¿Son profetas los guionistas de *Los Simpson*? Son perspicaces observadores de la realidad, con inteligencia y capacidad sobradas para adelantarse a las consecuencias que puedan tener las políticas que aplican gobiernos e instituciones o las dinámicas que priman en la sociedad en el momento en escriben. Hacen su análisis y muestran su proyección de futuro al dibujar las vidas de sus personajes. Aunque, obviamente, desconocemos si esto es lo que les movió a guionizar la escena que padecen los consumidores en el badulaque de Apu, en el año que se emitió ese capítulo, en 2016, los bancos centrales de las grandes economías de Occidente llevaban años imprimiendo billetes con desenfreno. Los tipos de interés, el precio que se paga por el dinero, eran entonces asombrosamente bajos. Durante un tiempo prolongado llegaron a ser negativos: el precio del dinero crecía menos que el de los bienes o servicios que se pagaba con dinero. El proceso inflacionista estaba cantado, porque ellos lo indujeron. Salvaron de la crisis a los estados y a los políticos que estaban al frente, a cambio de empobrecer sobre todo a los ahorradores, pero, en general, a todos los ciudadanos. Todavía lo estamos pagando.

En 2008, las economías desarrolladas estuvieron al borde del colapso. Todo empezó con la famosa crisis ninja, que tan bien retrató en su libro mi querido Leopoldo Abadía. En resumidas cuentas, se dieron créditos para que todo el mundo pudiera comprar una casa. Y los precios de las casas subieron. Lo hicieron hasta el punto de que los propietarios ya no podían pagarlas. En España, las cajas de ahorro, cargadas de préstamos impagados y de casas vacías, quebraron. Y el Gobierno, para evitar que su insolvencia privara de su dinero a los dueños de los depósitos bancarios, se endeudó por encima de sus capacidades para rescatarlas. Con particularidades locales, el proceso fue similar en gran parte de los países de nuestro entorno. El BCE decidió imprimir más billetes que los que respondían al valor real de la economía para aliviar a la carga de los estados comprando su deuda. También disuadía a los acreedores privados que, exigiéndoles más garantías, estaban empujándolos a la bancarrota y, por ende, ponían en peligro el proyecto de la moneda común europea. «Todavía nadie les ha juzgado con suficiente dureza —me advierte el economista Juan Iranzo—. Los bancos centrales fueron culpables, puesto que con enorme complacencia actuaron bajo el impulso de los políticos. Ese aumento de liquidez les eximía de la obligación de hacer reformas importantes. La economía estaba dopada, el origen de la inflación es monetario». Metiendo más dinero en la economía, sin una correspondencia real en bienes y servicios, indujeron inflación. Y lo hicieron conscientemente, a sabiendas. Entre otras cosas, porque si el PIB se mide a precios de mercado sube meramente con un ascenso de los precios. Y de ese modo, el peso de la deuda, que se mide como porcentaje de PIB, se diluye.

Esa inflación de la que advierten los guionistas de *Los Simpson* en 2016 no aparece al año siguiente, ni al siguiente, ni al otro. Y, por eso, el BCE, aunque no se cansa de exigir a los gobernantes reformas que liberalicen y flexibilicen los mercados y favorezcan un incremento de la productividad, sigue comprando deuda a los estados e imprimiendo billetes. Cuando, en 2020, aparece el covid y la actividad prácticamente desaparece, esos gobiernos, forzados a atender a una población en riesgo de vida o muerte, vuelven a tirar de talonario. No hay presiones inflacionistas, asegura el BCE. Y sigue regalando el dinero. No las vieron, pero ahí estaban, latentes. Y cuando despertamos del confinamiento, comenzaron a explosionar como minas fuera de control sembradas en un campo abierto. Primer aviso: los precios empezaron a subir cuando se armaron de nuevo las cadenas de suministro mundial. El día que el problema no era la escasez de barcos, eran los fletes los que encarecían un producto. Hubo incluso escasez de algunos suministros, las cadenas de montaje de las industrias se veían forzadas a parar. La decisión de Vladímir Putin de invadir Ucrania fue la última vuelta de tuerca. El gas, que ya estaba subiendo previamente, se disparó hasta cotas insoportables. La calefacción llegó a ser un artículo de lujo para muchas familias en toda Europa. La decisión de las autoridades comunitarias de anular las compras de energía a Rusia como castigo por la invasión ilegal hicieron el resto. El invierno de 2022 fue duro, muy duro. En ese ejercicio, la inflación en España subió cerca de un 8,5%. En los cinco últimos años, en mayor o menor medida, los precios no han bajado. Si acaso, han subido menos.

«Las tensiones inflacionistas que se empiezan a ver antes del confinamiento —me corrobora Juan Iranzo— se disparan con la salida y, sobre todo, con la guerra. Y nos han restado en torno al 20% de poder adquisitivo. Entre otras cosas, porque las clases medias dedicamos una parte muy importante de nuestro consumo a los alimentos. Y estos son los productos que más se han elevado. Por eso, el deterioro de esas clases medias es tan importante». No hay más que echar un vistazo a las listas de precios. Cada mes, desde 2008, el sindicato agrario COAG elabora una estadística que recoge la diferencia entre lo que recibe un agricultor por sus productos y lo que paga por ellos el consumidor. Los resultados de su estudio de mercado son verdaderamente alarmantes. Solo en agosto de 2025, el ajo, que en el campo se vendía a 1,20 euros, en el supermercado costaba 7,65. Era un 493% más caro. La cebolla pasaba de 35 céntimos a 2,20 euros. Subía un 529%. El repollo, un 581%. Y casi un 500% más elevados eran los precios de la sandía o el plátano. Aunque el objetivo de la estadística de COAG es denunciar que la retribución del campo es muy baja y que las cadenas de suministro encarecen extraordinariamente nuestra alimentación, siguiendo sus tablas es fácil hacerse una idea de cómo ha evolucionado el coste de nuestra cesta básica de la compra. Porque podremos prescindir de muchos bienes, pero entre ellos no están los alimentos. Los extremos, agricultor y consumidor, son los eslabones más débiles de esa cadena. En el intermedio, tampoco es que hayan crecido extraordinariamente los márgenes, es que todos los costes han subido: los fertilizantes, el agua, el combustible de los camiones, aviones o barcos, la energía que emplean las fábricas que procesan los productos o la luz o el alquiler que paga el supermercado por sus instalaciones. También han contribuido los fenómenos meteorológicos extremos que han dañado las cosechas o las políticas regulatorias. Todas, no solo las que afectan a la actividad agraria y ganadera. Imponen restricciones y nuevas exigencias sobre la producción y elevan la carga burocrática, encareciendo el precio final del producto.

Desde 2019, los precios de los alimentos se han elevado, según los cálculos del Banco de España, un 19%: «La subida ha mostrado una notable persistencia y ha sido, en general, superior al observado en el resto de los bienes que conforman la cesta de la compra». Es superior en seis puntos a la que se registra en la Unión Económica y Monetaria. Entre otras cosas, porque en la cesta básica de nuestros vecinos el peso del aceite de oliva es mucho más bajo que en la nuestra. Las consecuencias van más allá del bolsillo, este ciclo inflacionista ha deteriorado sustancialmente nuestra dieta. En el último lustro, nuestro consumo de alimentos ha caído en más de un 10%. Gastamos más y, sin embargo, compramos cantidades más reducidas, productos menos saludables y menos fruta, verdura, carne o pescado, esos frescos que constituyen la base de nuestra alabada dieta mediterránea. Solo el consumo de pescado ha descendido en un 20%. Esta es la principal conclusión a la que llega la revista del sector *Food Retail & Service* tras estudiar los informes anuales del Ministerio de Agricultura. No deberíamos descartar que acabemos acusándolo en nuestra salud y, por tanto, en la factura de los servicios sanitarios. A nadie parece preocuparle.

El Gobierno presume de que España va como un cohete, pero los españoles cada vez comen peor porque no pueden pagar la misma cesta de la compra que llenaban hace cinco años. Paradojas de la vida, lo curioso es que los costes laborales han crecido en mayor medida de lo que lo han hecho los precios de los alimentos. Desde 2019, un 27%. ¿Cómo es posible que no puedan llenar la nevera comprando lo mismo que hace cinco años? Deberían ser más ricos que entonces, tendrían que tener capacidad sobrada para comprar más comida y de mejor calidad. Y la estadística confirma que no es así. La primera causa, primordial, que se ha abordado en capítulos anteriores es que, aunque el coste del empleo ha subido sustancialmente, los trabajadores no perciben un salario más cuantioso. Simplemente, el coste laboral de cada empleado es más alto porque la Seguridad Social obliga a su empleador a pagar un porcentaje mayor en concepto de cotizaciones sociales para financiar las pensiones. No llega a la renta familiar. La segunda razón que explica esa fortísima subida de los costes laborales sí va al bolsillo del empleado, al menos en parte y, aunque afecte más a las clases bajas que a las medias, acaba repercutiendo en todos los tramos salariales. Es el acelerado y fuerte incremento del salario mínimo interprofesional (SMI).

En febrero, ante una pregunta parlamentaria de Alberto Núñez Feijóo, Pedro Sánchez presumía en la sesión de control al Gobierno de haber subido el SMI un 61% desde que llegó al Gobierno: de 735 a 1.184 euros mensuales. En opinión del presidente, «se ha traducido en la reducción de la desigualdad y la brecha salarial entre trabajadoras y trabajadores». A su juicio, un parecer del que discrepan, entre otros, los economistas que conformaban el servicio de estudios del Banco de España antes de que José Luis Escrivá les enseñara la puerta de salida, su Gobierno «ha desmontado los dogmas relativos entre la incompatibilidad entre la subida del SMI y la creación de empleo. El Gobierno funciona —concluía contundente— y España avanza».

La cuestión no es que España siga creando empleo cuando sube el SMI, que es de lo que presume Pedro Sánchez ante el presidente del Partido Popular, sino cuánto empleo más podría haber creado si el SMI hubiera subido de forma más contenida si se hubiera congelado o si simplemente no existiera. La subida del salario mínimo, sin llevar aparejado un aumento de la productividad o del producto por trabajador, encarece los costes laborales y, por tanto, lastra los beneficios empresariales, eleva la barrera de entrada al mercado laboral y, por tanto, incentiva la economía sumergida. Eso sí, contribuye a llenar las arcas públicas a costa de las empresas. Para el Gobierno, que está haciendo progresivamente una reforma fiscal encubierta sin presentarla al refrendo del parlamento, es una jugada maestra. De los 600 euros al año de más que cobrará el perceptor del salario mínimo, tras la última subida de 2025, entre la Seguridad Social y Hacienda se llevan en torno a la mitad. Los 350 o 400 euros más que puede llegar a cobrar el trabajador ni siquiera llegan a compensar la subida de la inflación anual. Eso sí, estará enormemente agradecido a Yolanda Díaz, que es la primera abanderada de esa causa, porque a nadie le amarga un dulce. Es el mismo objetivo que persigue rebajando la jornada laboral, impidiendo, al mismo tiempo, tocar los salarios: encarecerá el empleo por decreto y «será la puntilla para muchos autónomos empleadores y pequeñas empresas», asegura Lorenzo Amor, presidente de la Asociación de Trabajadores Autónomos.

No le falta razón. Tampoco a la vicepresidenta y ministra de Trabajo cuando afirma que las retribuciones de los trabajadores en España son excepcionalmente bajas. La conjunción de la dura devaluación salarial que impuso José Luis Rodríguez Zapatero y mantuvo Mariano Rajoy y la fuerte subida de las cotizaciones sociales que ha decretado Pedro Sánchez, en parte para compensar en las arcas de la Seguridad Social los efectos de esa misma devaluación, han mermado muy notablemente las rentas que perciben las clases medias trabajadoras. En particular, las de las nuevas generaciones que van incorporándose al mercado laboral, los más jóvenes.

Después de negar durante años una crisis que se nos caía encima, con el único fin de revalidar su victoria en las urnas en 2008, cuando las empresas ya habían comenzado a congelar salarios y reducir plantillas porque no podían pagarlas, Zapatero, forzado por los acreedores de España, en deuda pública y comerciales, congeló las pensiones y bajó entre un 7 y un 15% los sueldos del sector público. Marcaba un camino al resto del tejido productivo en el que su sucesor en la Moncloa persistió. Con la soberanía en política monetaria cedida al Banco Central Europeo, era la única opción que tenía España para aliviar su excesivo endeudamiento y superar una dolorosísima recesión. Cuando teníamos la peseta, se devaluaba la moneda. Una vez dentro del euro, solo podían rebajar los salarios. Si esa política, que parecía inevitable en ese momento, se hubiera complementado con las reformas adecuadas para liberalizar la economía, incentivar la competencia y la inversión o abrirla a nuevos sectores de actividad de alto valor añadido, ya hubiéramos pasado ese mal trago. Pero se hicieron las reformas imprescindibles, las que nos obligaron a hacer aquellos que el único interés que tenían en España era cobrar lo prestado. Y el resultado no ha sido otro que un empobrecimiento general.

En 2014, el salario medio en España no llegaba a los 16 euros por hora, cuando en la eurozona superaba los 21 euros. En 2023, último dato del que dispone Eurostat, había subido por encima de los 18, pero en Europa ya llegaba a 24. Es decir, en la última década, la brecha de retribución con respecto a nuestros vecinos se ha ensanchado. Aunque, por volumen de producto interior bruto, nuestra economía sea la cuarta del euro, aunque nuestro Gobierno saque pecho cada vez que tiene la ocasión de todo lo que aportamos al crecimiento europeo, cuando lo que se compara son los salarios caemos hasta el décimo quinto puesto.

No es de extrañar que nueve de cada diez españoles le hayan dicho a Funcas en su última encuesta que han perdido poder adquisitivo desde la pandemia. Pese a que el producto interior bruto del país haya crecido un 8% desde la moción de censura que convirtió en presidente a Pedro Sánchez, más de la mitad de la población siente que la situación económica ha empeorado desde entonces. La gran mayoría de esos pesimistas son jóvenes, el doble que jubilados. Y los números avalan esa percepción. La cuantía media de la prestación que cobraron los pensionistas que se incorporaron al sistema al término del primer trimestre de 2025 superaba los 1 700 euros al mes. Y la actualización de esa pensión, en línea con la inflación, está garantizada por ley. No perderán poder adquisitivo. Los menores de 35 años ni siquiera llegan a esa cota.

El salario más frecuente en España, el que cobran cerca del 5% de los trabajadores, apenas superaba los 1 100 euros al mes en catorce pagas, según la última Encuesta de Estructura Salarial del INE elaborada con datos de 2023. La diferencia entre ese salario más frecuente y el mínimo no llegaba a los 500 euros. La primera conclusión que cabe extraer de ese estudio es que el trabajador más frecuente en España no es de clase media. Es, según el criterio de la OCDE, de clase baja. Y en esa misma categoría cabe inscribir a los empleados que cobran el segundo salario más frecuente, porque apenas cobran 1 300 euros al mes. A la imagen desoladora que proyectan esas cifras cabe contraponer un argumento sólido: dada la jerarquización de las organizaciones empresariales, es de pura lógica que sean más los trabajadores con salarios bajos que los que reciban retribuciones elevadas. El problema y el argumento que desmonta ese razonamiento es que ese salario más frecuente en España se ha desplomado. Entre 2018 y 2021, era más alto que en 2023, rondaba los 1 300 euros al mes. Pero, en 2022, se pierden más de 200 euros mensuales. Conclusión: crece el porcentaje de empleados con salarios bajos, la estructura de la fuerza laboral se deteriora. Si tomamos como referencia el salario medio en ese mismo período, de 2018 a 2023, sube, lo hace en poco más de 4 000 euros al año. Sin embargo, ese repunte ni siquiera es suficiente para anular el efecto de la inflación. Es decir, el poder adquisitivo de los trabajadores españoles se habrá deteriorado en mayor o en menor medida, pero de lo que no cabe duda es de que se deteriora.

Más de un tercio de los trabajadores en la España de 2023, con los datos del INE en la mano, no llega a cobrar 1 300 euros al mes de sueldo bruto. En términos cualitativos, es la imagen de una fuerza laboral muy pobre. Los empleos mejor retribuidos están relacionados con el suministro de energía y actividades financieras. Los que no llegaban ni a 2 000 euros al mes eran, en ese año, agricultores y ganaderos, empleados de la hostelería, administrativos y los dedicados a actividades artísticas y de entretenimiento.

Los desajustes entre oferta de fuerza laboral y demanda del tejido productivo ayudan, en parte, a entender resultados tan mediocres. Un ejemplo paradigmático es el de los profesionales de la comunicación. En 2024, más de 6 000 personas solicitaron empleo como periodistas solo en Madrid, según la Asociación de la Prensa. Demasiados. Hay más graduados en Periodismo de los que el mercado puede llegar a absorber. Eso explica la elevada precariedad de la profesión: el desempleo es alto, los contratos de obra y temporales están a la orden del día y los sueldos de los recién titulados son muy bajos. Echemos un vistazo al otro extremo. Aunque sea imposible cuantificar cuántas personas estudian para convertirse en electricistas, en ese mismo año, 2024, el sector energético contrató a casi 100.000, un 13% más que en 2023. Y según Randstad Research, todavía buscaba a 70.000 más para cubrir sus necesidades.

Siendo exigentes y aceptando que habrá personas que, simplemente por necesidad de formarse o por el hecho de pasar de una empresa a otra, estén temporalmente activas, necesitamos más de 2.000.000 de nuevos puestos de trabajo para acabar de una vez por todas con el paro. Y, sin embargo, hay vacantes que no somos capaces de cubrir. En la hostelería se quejan porque no encuentran a todos los camareros que necesitan, ni con formación ni sin ella. Al menos, no en temporada alta. En el campo o en los oficios más sacrificados, no esperan que las nuevas generaciones mantengan la explotación familiar. Las retribuciones son tan bajas que no hay alicientes para emplearse en un trabajo tan sacrificado. Los salarios acabarán por subir. Como en la construcción y rehabilitación de vivienda. Se parten la cara para contratar albañiles, fontaneros, electricistas, soldadores o carpinteros. Los que hay no son suficientes para cubrir la demanda. En las empresas más avanzadas tecnológicamente, no dan con los ingenieros con los conocimientos y habilidades que necesitan. No los tenemos. Y las enfermeras se van a trabajar a otros países porque los salarios en España, marcados por decisiones políticas, puesto que el sistema público es el predominante, se triplican fuera.

En 2007, la renta de un ciudadano en nuestro país se colocaba tres puntos por encima de la media de la Unión Europea. Hace diez años estábamos por debajo, en el 90%. En 2024, hemos descendido aún más. La renta media española es un 86% de la europea. De contribuyentes netos hemos pasado a ser de nuevo candidatos a recibir fondos de cohesión comunitarios. No es razón para sentirse precisamente orgullosos, más bien al contrario. Presume el Gobierno de nuestra aportación al crecimiento europeo. Sin embargo, la letra pequeña le desmiente. La economía ha crecido en gran medida gracias a una inflación desorbitada, porque el PIB se mide en precios de mercado. En buena parte también porque la población ha aumentado. Hemos llegado a los 50.000.000 de habitantes. Son más los que producen, pero son más los que cuentan también a la hora de repartir. El aluvión de dinero comunitario, los Fondos Next Generation han contribuido además en buena medida a enmascarar la precariedad y a inflar las cifras macroeconómicas para que luzcan en las portadas de periódicos y telediarios.

Sin embargo, los ciudadanos le dicen a Funcas que se sienten más pobres porque no les salen los números, porque realmente lo son. Sus salarios apenas han subido o, en todo caso, lo han hecho menos que los precios. Su gran fuente de riqueza es una vivienda que se ha encarecido sobremanera, pero a la que, precisamente por esa razón, los más jóvenes no pueden acceder. En las grandes ciudades, los precios son prohibitivos. La inflación, un impuesto encubierto que penaliza a las clases bajas y medias, porque drena su capacidad para comprar los bienes y servicios que no pueden dejar de adquirir y que consumen la mayor parte de su renta, se ha incorporado también a los impuestos. El sector público, que tendría que contribuir a aliviar los efectos perniciosos de coyunturas adversas, ha puesto la puntilla.

Esas son las razones por las que las clases medias se sienten más pobres. Es lo que Funcas denomina «malestar en tiempos de crecimiento». Sus economistas, que extraen estos resultados de 1 200 entrevistas, alertan del efecto perverso que tiene esa percepción. El ser humano tiende a adecuar su comportamiento a su visión de la realidad. Si considera que es más pobre, retraerá su consumo, tenderá a postergar en la medida de lo posible los grandes gastos o las decisiones de inversión. Y con esa forma de proceder contribuirá a que el escenario negativo que espera se materialice. Pensar que ese efecto puede revertirse con grandilocuentes declaraciones es de una ingenuidad manifiesta. La propaganda llega hasta donde llega, no puede desmentir una realidad que experimentan en su día a día millones de personas.

España necesita escapar de esta mediocridad rampante que nos abruma, adormece y embrutece cada día que pasa entre vergonzosos escándalos de corrupción y argumentarios para *dummies*. El esfuerzo de las clases medias trabajadoras tiene que contribuir a elevar su nivel de vida, porque es de justicia. Las mentes y profesionales más brillantes deberían tener opciones para desarrollar sus proyectos, no tendrían que verse forzadas a salir corriendo a la menor oportunidad. Las empresas, nuestras empresas multinacionales necesitan un escenario competitivo y seguro jurídicamente para invertir en nuestro país y crear nuevas oportunidades de futuro que aseguren no solo la riqueza de las generaciones venideras, sino también fuentes de ingresos recurrentes al sector público. Son las personas, es el sector privado el que crea valor. La función del Estado consiste en fijar las reglas del juego, asegurar que se cumplen, sostener a los que no tienen forma de valerse por sí mismos. El resto, incluida su creciente injerencia en el tejido productivo, no puede obedecer a otra cosa que a intereses perversos que no harán más que seguir estrechando nuestros espacios de libertad. Eso es lo que se logra empobreciéndonos, robarnos poder de decisión sobre nuestra misma existencia.

Así no hay quien viva

«Todos los españoles tienen derecho a disfrutar de una vivienda digna y adecuada. Los poderes públicos promoverán las condiciones necesarias y establecerán las normas pertinentes para hacer efectivo ese derecho regulando la utilización del suelo de acuerdo con el interés general para impedir la especulación. La comunidad participará en las plusvalías que genere la acción urbanística de los entes públicos».

Este bienintencionado artículo de la Constitución, el número 47, es el que ha amparado desde su vigencia un sinnúmero inabarcable de normativas en los tres niveles de la Administración Pública, casi como tantas torpezas, negligencias, barbaridades o latrocinios, que no han hecho más que entorpecer y encarecer hasta cotas inimaginables el derecho que deben asegurar. La Carta Magna impele a los poderes públicos a promover las condiciones, establecer las normas, regular el suelo o impedir la especulación con el fin de garantizar que los ciudadanos puedan disfrutar de una vivienda digna. No es tarea sencilla ni menor. Sin embargo, ellos se imponen más, pretenden hacernos saber que nos van a solucionar la vida. Y, haciendo de su capa un sayo, con mejores o con aviesas intenciones, que de unas y otras está el infierno atestado, el que no ha querido interpretar que la ley le obligaba a ponerse el casco de obra para erigirse en promotor de suelo, constructor de casitas o rey mago entregando llaves en campaña electoral, se ha revestido con la toga de magistrado o el chándal de dictador amenazando, cercenando o anulando de facto el derecho a la propiedad privada, que, en su artículo 33, reconoce también la Carta Magna. El resultado suele ser invariablemente el mismo: la vivienda se encarece hasta hacerse inaccesible para un creciente número de ciudadanos, porque las barreras de acceso se ponen más altas cada día que pasa. Hasta el punto de que está partiendo en dos la sociedad: clases medias o acomodadas y pobres, los que tienen y los que no pueden permitirse tener una casa en propiedad.

Si formar parte de las clases medias pasa por disponer de ingresos suficientes para cubrir las necesidades básicas, es obvio que los obstáculos a la hora de acceder a una vivienda están entorpeciendo el acceso o permanencia en ese estrato social. Se está convirtiendo en un artículo de lujo. Desde la crisis de 2008, a lo largo de las últimas dos décadas, los salarios reales han subido de forma contenida, cuando no han bajado y, sin embargo, los precios de las casas, una vez el mercado inmobiliario resurgió de sus cenizas, pero sobre todo tras la salida del confinamiento por covid, se elevan a un ritmo que alcanza los dos dígitos. La consecuencia directa de esa combinación es que reduce la accesibilidad. El esfuerzo que deben hacer las familias para comprar, determinado por el porcentaje de su renta que emplean en ello, es, en 2025, de uno de cada tres euros, algo más del 33%. En 2023, llegó a superar el 37, una de las tasas más elevadas de Europa. Los residentes en España necesitan algo más de siete años de salario completo para pagar su casa. Y subiendo, tal y como certifica el boletín estadístico del Ministerio de Vivienda. En Estados Unidos bastan tres años.

Pese a que el número de hogares en nuestro país apenas sobrepasa, según el INE, los 19.000.000 y el número de viviendas asciende a 27.000.000 —calcula el Gobierno—, no todos se cobijan bajo un techo meridianamente digno para todos. La imagen del panorama social que arrojan los estudios pormenorizados del uso del parque inmobiliario es preocupante, desoladora. El Observatorio del Alquiler, de la Fundación Alquiler Seguro y la Universidad Rey Juan Carlos calcula que más de 8.500.000 de personas, nada menos que el 18% de la población de un país que presume de ser una de las grandes economías del mundo padece de exclusión residencial. Unos, los menos, porque duermen en un albergue o en la calle. El informe Foessa de Cáritas estima que son casi 50.000. De la gran mayoría, algo más de 3.500.000, habita casas bajo amenaza de desalojo, inseguras y cerca de 5.000.000 lo hace en infraviviendas, hacinados o en chabolas. El chabolismo se ha disparado en un 25% en la última década, calcula el portal inmobiliario Idealista. En la Cañada Real de Madrid, el poblado más numeroso, viven 8 000 personas. La infraestructura de la que disponen es propia del tercer mundo, la marginalidad y los problemas de violencia o tráfico de drogas están a la orden del día.

La llamada vivienda social, la que construyen y ceden en régimen de alquiler con opción de compra o arrendan las Administraciones Públicas, representa poco más del 3% del total, cuando, en Europa, es el 8, de media. Y, aunque Pedro Sánchez anunció miles de nuevas casas en la última campaña de las elecciones locales, su promesa sigue en el aire. En esta clasificación, también estamos a la cola. En picaresca o en detectar oportunidades de negocio fácil, en cambio, debemos andar en puestos de liderazgo. Hay pocas viviendas de protección oficial o precios tasados disponibles porque se han trasvasado al mercado libre. Durante décadas, los beneficiarios de estos inmuebles, normalmente de extracto socioeconómico bajo —además de algún que otro hijo de directivo de cajas de ahorro—, no tardaban en ponerlos a la venta en cuanto se agotaba el tiempo de carencia exigido por ley. En pleno ciclo inflacionista, la plusvalía, sustancialmente más cuantiosa que la que hubieran obtenido si hubieran adquirido el piso en competencia, no ha revertido al erario público, que sigue forzando la máquina para construir nuevas soluciones habitacionales para los más desfavorecidos. Se ha quedado a buen recaudo en su cuenta bancaria. Otra forma, alternativa a los tributos, de distribuir la renta, a beneficio del adjudicatario y del político que corta la cinta. El contribuyente neto, que tiene que solicitar una hipoteca para pagar su casa, tampoco se queja, no vaya a ser que lo tachen de insolidario.

Casas hay más que de sobra, suelen advertir los abanderados del populismo rampante simpatizantes de la okupación. No les falta razón. Motivos para ponerlas a disposición de quien las necesita, cada vez menos. Pese a que repartiéndolas entre los hogares censados tocan a una y media cada uno, no todas se usan como domicilio habitual. Hay cerca de 8.000.000 que se emplean como segunda residencia, se destinan al alquiler de larga estancia o turístico o, simplemente, están vacías. La lógica dicta que cuanto más altos sean los precios —y han crecido casi un 60% en una década— más incentivos tendrán los propietarios para arrendarlas. Sin embargo, se están retrayendo. Es difícil encontrar una cifra fidedigna, pero los que conocen el sector estiman que habría en torno a 500.000 casas deshabitadas, sin uso alguno y, por tanto, sin generar rendimiento económico. Ahí es donde se observan las consecuencias de las disparatadas decisiones políticas que se han ido adoptando desde la crisis.

En 2022, Patrizia, una gestora de activos inmobiliarios de origen alemán, entró en España comprando 1 500 pisos con el fin de ponerlos en alquiler. Apenas tres años después, en mayo de 2025, colocó a toda su cartera en Cataluña el cartel de «Se vende». Salía de allí poco menos que corriendo. En esa comunidad autónoma, se aplica una ley estatal que limita la subida de los precios en las denominadas zonas tensionadas. Una idea peregrina y simplista, cuando no un engendro, cocinada durante la crisis al calor de las manifestaciones y algaradas violentas contra los desahucios y aplicada por los mismos que aparcaron la pancarta para apalancarse en la poltrona del poder en ayuntamientos, primero, y en el Gobierno de la nación, después. A esas mentes inexplicablemente becadas en la universidad pública, algunas con varios pisos en su haber recibidos en herencia, no se les ha ocurrido mejor solución para impedir que los precios suban que prohibir que lo hagan. Y eso es lo que, entre otras ciudades, se lleva aplicando en Barcelona desde que la activista Ada Colau tomó el bastón de mando. Por eso se ha ido Patrizia.

Si suben todos los costes asociados a la vivienda, si suben todos los costes de cualquier actividad empresarial, si suben notablemente los impuestos, si suben los precios del mercado y te impiden repercutirlo en parte o en su totalidad en el precio que cobras a tus inquilinos, no solo no compras o no construyes nuevos inmuebles, es que echas la llave y te vas, porque llega un momento en que no solo no ganas, es que te cuesta dinero alquilar. Es lo que ha hecho Patrizia. Permanecerá en España, promueve la construcción de nuevos pisos en Alicante, que no aplica la normativa estatal, para disgusto de las lumbreras que la idearon, pero bien podría haberse ido a invertir a otra parte de Europa buscando rentabilidades, tal vez no mejores, pero sí recurrentes y ajustadas a la lógica de su mercado. Su caso, aunque a gran escala, representa lo que padecen un sinfín de pequeños propietarios, que son la mayoría, porque los grandes tenedores de vivienda, penalizados con tributos más elevados que los que deben pagar los que disponen de una cartera inferior a los diez pisos, apenas representan el 8%, según el Banco de España.

El adanismo y la alarmante inseguridad jurídica es la que ha sacado del mercado del alquiler miles de casas, muchas reconvertidas en viviendas turísticas, con el consiguiente perjuicio para las familias que necesitan un hogar. Y en vez de buscar las causas que expliquen ese desplazamiento de la oferta, penalizan e insultan a los dueños. Erre que erre, disuadiendo al personal. Las tienen frente al espejo. Las cifras de inquiokupación pueden no ser relevantes, como asegura el Ministerio del Interior, que contabilizó poco más de 15.000 denuncias en 2023, pero cada caso en particular pone los pelos de punta al más valiente de los propietarios. Desalojar a un moroso puede llevar hasta un par de años, más si entre los okupas hay menores o personas dependientes. Entre tanto, bajo amenaza de multa, el arrendatario está obligado a hacer frente a los gastos de los consumos diarios si están a su nombre, como la luz, agua o calefacción. Para colmo, tiene que pagar a los abogados que defiendan su derecho constitucional ante los tribunales. Un coste que no recuperará, aunque gane, porque los que roban suelen declararse insolventes. Con suerte y paciencia, porque hasta que no exista sentencia firme, el derecho a disponer de una vivienda del okupa se sobrepone al de la propiedad privada, recuperará una casa en muchas ocasiones destrozada. No es extraño que la contratación de pólizas de seguro contra este problema haya subido un 20%. Un coste más que si el inmueble está en zona tensionada tendrán dificultad para recuperar.

Esa inseguridad amparada por la ley y la creciente intervención del mercado no han hecho otra cosa que presionar al alza los precios. Pongan la pancarta que pongan para tratar de impedirlo, lo que no se puede repercutir al inquilino que renueva el contrato se le endosa al que llega después. Por eso, en junio de 2025, según el portal Fotocasa, batieron los récords del *boom* de 2007 en todas las comunidades autónomas. Su índice inmobiliario calcula que el precio de un piso de 80 metros cuadrados en España asciende, de media, a más de 1 000 euros al mes. Es decir, los trabajadores que cobran el salario más frecuente en nuestro país no tendrían capacidad para pagarlo. Tampoco las clases medias bajas o los jóvenes que acceden al mercado laboral con un sueldo de 1 300 euros. Las garantías que exigen los arrendadores, como el contrato de trabajo o la fianza de varios meses por adelantado, los descartan automáticamente como inquilinos solventes. Empleados y con ingresos recurrentes, se ven obligados a compartir piso con compañeros, amigos o extraños, cuando no a seguir viviendo en casa de sus padres. Las posibilidades de emanciparse plenamente, de crear una familia y prosperar se antojan imposibles en sus circunstancias.

¿No hay pisos suficientes? ¡Exprópiense los de los fondos!, respondió, al más puro estilo chavista, nada menos que toda una vicepresidenta del Gobierno Central, Yolanda Díaz. Hay gente que cada vez que abre la boca eleva los precios. A ver quién es el que invierte para construir si corre el riesgo de que, cada vez que se le pase por la cabeza a esta señora, le nacionalicen el producto de su inversión y su trabajo. No tardó en salir alarmado al quite el Banco de España. Precisamente, porque eso es lo que necesitamos: empresas, sean fondos, españoles o extranjeros o se llamen como se llamen, que levanten todas las viviendas y barrios que hacen falta.

En Cibeles elevan a 500.000 el déficit de inmuebles. La oferta es un tercio de la demanda. Y esa es la razón principal por la que se tensionan los precios de compraventa. Los economistas del Banco de España calculan que, aunque en términos nominales han sobrepasado las cotas de 2007, descontando la inflación están todavía en precios de 2004. Y eso que han subido un 50% en una década. Sin embargo, los salarios de los que no tienen aún una casa en propiedad, los más jóvenes, son en torno a un 20% inferiores a los que cobraban sus padres a su edad. De media, no llega a los 1500 euros al mes. Sus posibilidades de acceder a un crédito son mucho más remotas de las que sus progenitores dispusieron. También, porque, según Eurostat, su capacidad de ahorro es ocho veces más baja. Además, la política de préstamos ha cambiado sustancialmente tras la recesión.

Si mientras se inflaba la burbuja las entidades financiaban con créditos hipotecarios el 100% de la compra sin solicitar apenas garantías más allá del inmueble que se pignoraba, ahora son tales los requisitos de provisión de fondos que el Banco Central Europeo les exige, con el fin de evitar que regalen el dinero para arañar cuota de mercado, que no pasan del 80%. De modo que el potencial comprador debe disponer de ahorros suficientes no solo para hacer frente al 20% restante del coste del inmueble, sino también de lo suficiente para pagar la notaría y el sinfín de impuestos que lleva asociados la compra de una casa. Entre unas y otras partidas, un 10% adicional.

El hándicap añadido es que el mercado inmobiliario es la principal fuente de financiación de las administraciones locales. Criminalizarán a todo aquel que se les ponga a tiro cada vez que aparezca una estadística de precios, pero ni se les pasa por la cabeza rebajar ni en un céntimo su trozo del pastel para favorecer la accesibilidad de la vivienda. Cuanto más cara, ellos, que van a porcentaje, más ganan. Por eso se resisten a liberar suelo. Cobran al promotor, de entrada, en cesión de ese mismo suelo que ha comprado o de viviendas construidas. Y, después —el Registro de Economistas y Asesores Fiscales ha hecho las cuentas— hasta llegar al disuasorio 9% del coste de la operación: transmisiones patrimoniales o IVA, actos jurídicos documentados o actividades económicas. Todo eso suma a la hora de determinar el precio de venta al destinatario final. Posteriormente, ese comprador tendrá que pagar IVA o transmisiones patrimoniales y, convertido en propietario, impuestos sobre bienes inmuebles que se encarecen con revisiones del catastro o impuestos sobre basuras, una de las últimas figuras fiscales sacadas de la chistera de la insaciable María Jesús Montero. La vivienda es la gallina de los huevos de oro para comunidades autónomas y, sobre todo, ayuntamientos. No la dejarán escapar.

El resultado de tal cúmulo de políticas y despropósitos es que el esfuerzo que debe hacer una persona para asegurar su derecho constitucional a la vivienda es cada vez más gravoso. Antes de la burbuja, las clases medias trabajadoras compraban su casa con más o menos esfuerzo. Pero podían comprar. Siempre ha sido un seguro de jubilación, ahora se ha convertido en una fuente extraordinaria de riqueza. Gracias a la subida de los precios, el patrimonio de los jubilados se ha duplicado. El de los menores de 35 años, calcula CaixaBank, se ha recortado en más de un 75%. Tendrán que esperar a heredar de sus padres o abuelos para convertirse en propietarios. Hipotecarse hoy para garantizar una de sus necesidades básicas no está a su alcance. Por eso las clases medias se están empobreciendo. O evaporando. Y esa dinámica será difícil de revertir si no suben la productividad y, por tanto, los salarios o si no bajan los impuestos con el fin de estimular la construcción o inducir una contención de los precios.

Fin de la abundancia

Cae a plomo en el aparentemente plácido estanque europeo rompiéndolo en un sinfín de círculos concéntricos que buscan orillas a las que asirse. Remueve las aguas tras las turbulencias padecidas en los trágicos meses de pandemia. La admonición preñada de peligros latentes reverbera en todo el continente.

Es 25 de agosto de 2022. Enmanuel Macron reúne a su gabinete y, sin paños calientes, en un discurso televisado, decreta el fin de la abundancia: «El momento que estamos viviendo y que nuestros compatriotas están viviendo con nosotros puede parecer estructurado por una serie de crisis, cada una más grave que la otra. Creo que esta época más bien una gran convulsión, un gran cambio. En primer lugar, porque estamos experimentando, no solo este año, este verano, el fin de lo que parecía la abundancia. Nuestra libertad, el sistema de libertad al que nos hemos acostumbrado a vivir, tiene un coste. Y, a veces, si hay que defenderlo, puede suponer sacrificios para llegar al final de ciertas batallas que hay que llevar a cabo. Esta situación tiene un coste: nuestra libertad, nuestro futuro, conlleva esfuerzos».

Con una apocalíptica exhortación, el presidente francés puso fin a un fotografiado descanso estival en el Fuerte Brégançon, la blindada residencia vacacional reservada a los señores del Elíseo en un pueblecito de la Costa Azul francesa.

Sus lúdicos paseos en yate, en pareja, haciéndose acompañar de fibrosos y bronceados invitados; sus galopadas a bordo de una moto acuática por las aguas del Mediterráneo, captadas por los *paparazzi* pese a su patente contrariedad, hacen harto difícil advertir al común de los mortales esos signos de la convulsión, el giro histórico del que alerta. ¿Es su titular una maniobra de distracción propia de un hábil político? ¿Un toque de atención para sacudir la galbana? ¿O nos asomamos al abismo provocado por la súbita crisis que abre la invasión rusa de Ucrania?

No alerta Enmanuel Macron del fin de la abundancia, tal y como reflejan en los minutos y horas posteriores los telediarios o las páginas de prensa. Alerta de los estertores «de lo que parecía abundancia». Acaso es que el rey estaba paseándose desnudo antes de que, observando el cielo del Oriente, en las almenas de palacio atisbaran la creciente sombra de las aterradoras fauces de la guerra. El eco de los tambores le ha precedido. Hace tiempo que resuena.

Tres gobiernos ha consumido el presidente francés en lo que va de legislatura. El último tras anunciar un drástico recorte de 40.000 millones en el presupuesto de gastos. «Se está gestando el caos total en Francia», advierte François Bayrou en los minutos últimos de su gloria ya vencida. La deuda de la Administración es la catástrofe que heredarán las próximas generaciones, la población envejece, son menos los que pagan impuestos y más los que viven del Estado, los programas sociales son tan generosos... Ya no lo escuchan. La Asamblea le retira su confianza. La derecha huele el poder. La izquierda quiere más y más tributos, con eso todo lo arreglan. Pero ¿queda alguien dispuesto a pagarlos? Y al menor tijeretazo, los chalecos amarillos queman si lo ven oportuno los Campos Elíseos.

No escuchan. Lo ha dicho Friedrich Merz. En Alemania, la cuna del invento, el canciller decreta la muerte del estado del bienestar.

Europa quiere despertar del sueño dulce del Pacto Verde dibujado en los despachos enmoquetados. Ha asfixiado a una industria que a la carrera quieren ahora resucitar con el Plan Draghi. La fábrica es la que pagaba las facturas de la fiesta: innovación, tecnología, patentes, fábricas de montaje, empleos. A toda velocidad, pero ya llegamos tarde. Veremos si demasiado tarde. Las factorías ya van a pleno rendimiento en Asia. Y se están levantando para hacernos la competencia en costes laborales ventajosos en Marruecos o en Túnez. A la otra orilla del Mediterráneo, con costes laborales infinitamente más bajos, con menos derechos o ninguno, les hemos regalado el negocio para tener aire limpio y ciudadanos agradecidos y felices. O alegres.

En España, sonoro silencio. No se quieren enterar. O no quieren que nos enteremos. La marcha del primer ministro francés es el pie de página de los telediarios. ¡Que siga la fiesta!

El país se va parando, pero los que tenían que montar las algaradas son los que gobiernan. Esperarán a dejar el banco azul. Alguien tiene que ser culpable. Y lo será el que herede.

El generoso régimen del bienestar europeo amenaza con morir de éxito. Papá Estado quería abarcar todo, resolver del primero al último minuto de nuestras vidas: la cuna, el pediatra, el colegio, la universidad becada, la vivienda, el puesto de trabajo, la ayudita para todo, la jubilación, la residencia, las medicinas, el transporte. Arreglarnos el día a día y dirigírnoslo. Era tan cómodo que nos dejamos caer en sus brazos. Hasta que ya no dé más de sí. Que no da.

Las clases medias, el éxito social indiscutible de la posguerra, se baten en retirada, se esfuman, asfixiadas por el peso de los impuestos destinados a pagar las facturas. Cuando no pagan ellos, paga su empresa. Por eso ya no invierten. Por eso se van, para sobrevivir. Por eso no suben salarios. Por eso ya no construyen viviendas. Tampoco habrá quien las compre.

Y los trenes se rompen y no se reponen, en las carreteras se ven los socavones, la cita en el médico tarda una semana. Esto se agota. La sociedad se parte en dos. Y, desde el Poder, irresponsablemente, se alienta.

Los ricos son los que tienen una casa y un salario o una pensión que sube con los precios. Se lo ganaron, nadie lo discute. Los pobres, los que estudiaron uno o dos grados en la universidad y hasta un máster y cobran un sueldo de miseria y se pegan para encontrar una habitación en un piso compartido. O se van. El rédito de nuestra inversión en ellos lo cobrarán otros que paguen mejor. La polarización, la distancia entre clases, sin el mullido colchón de las medias amortiguando las diferencias, se acentúa. Es también entre generaciones. Pero hay todavía irresponsables pululando en las esferas del poder que esperan ganar rédito con ello: más tensión pedía José Luis Rodríguez Zapatero. Sacarnos del carril en el que circulábamos desde la Transición, el de la ley, el de las certidumbres, fue su gran invento. Nos ha salido caro. En todos los órdenes.

El estado del bienestar se muere porque ya no somos capaces de pagarlo. Porque no hay trabajo para financiarlo, porque han cerrado las industrias. O porque a una descerebrada se le ocurrió decir que el diésel había muerto. Y lo peor es que llevaba razón. Ahora compramos los coches a los coreanos o a los norteamericanos. Pero no queremos trabajar más para financiarlo. Y tampoco nos ofertan empleos que valgan un intento.

Nos echamos en brazos de la izquierda populista, esa que corta de raíz la inflación queriendo prohibir que suban los precios. De risa. O de miedo. No se han enterado todavía de que el Muro de Berlín cayó certificando el fracaso sin paliativos de la economía intervenida y dirigida. En otras latitudes, el péndulo se ha ido al otro extremo. Trump y Milei prueban alternativas radicalmente opuestas. El camino, doloroso. El resultado, todavía una incógnita.

La economía se polariza. La sociedad se polariza. Cabe preguntarse si también acabarán así las familias: izquierda frente a derecha, ricos frente a pobres, empleados frente a beneficiarios del Estado, contribuyentes frente a receptores, ¿padres frente a hijos? No, la familia resistirá. Aunque el mundo se vuelva loco. Que ya parece haberlo hecho.

Primero fue la crisis. Era la alerta de que estábamos viviendo por encima de nuestras posibilidades. Los gobiernos rescataron bancos y familias, los mismos a los que aprietan ahora, después, para pagar la fiesta. Los jóvenes no podrán pagar el techo bajo el que viven, pero tendrán que cumplir con Hacienda.

Llegó después la pandemia. Nos encerraron, nos robaron derechos fundamentales. Y no quisimos darnos por enterados. Gastaron miles de millones de euros que hoy pesan y mucho en el presupuesto. Hicieron leyes para torcer la ley. Y aguantan con ellas. A saber cómo están manejando nuestros dineros.

La tercera sacudida fue la invasión de Ucrania. El centro y norte de Europa contiene el aliento. Hasta que no subieron los precios del combustible no nos dimos por enterados. Ahora, aunque tampoco nos lo digan, nos estamos preparando para la guerra.

El mundo se ha partido en dos. Sí, ellos también. Como en el siglo pasado, los conflictos regionales reverdecen. Las instituciones multilaterales no lograrán evitarlo. Son papel mojado.

Los torpes líderes que manejan los hilos intentan aguantar. No toman decisiones. Tampoco pueden, los parlamentos se han roto en pedazos, en egoísmos, en sálvese quien pueda. La sociedad adormecida o aborregada observa o vuelve la espalda. Se empobrece. La generación que corre el riesgo de ser perdida vive peor de lo que lo hicieron sus padres, sabe que vivirá peor que sus padres.